범우사

《이야기》의 독일어 초판(1974년)

이미륵 작 《무던이》 영화화 시나리오

뮌헨(1927년)

박사학위 취득 직후(1928년)

뮌헨(1929년)

살크 자매와 소풍, 아르츠바하(1931년)

크라우스 및 그의 친구들과(1934년)

아르트바하(1934년)

김재원 박사의 방문, 그래펠핑(1937년)

고향을 그리면서(1938년)

사진사 이미륵, 그래펠핑(1938년)

부르노의 딸 발트라우트와 함께(1941년)

고향 친구들(1940년)

1942년

볼게무트 여사와 그녀의 아이들과 함께(1946년)

크리스토프와 놀이친구(1942년)

사르비아 총서 · 303

이야기

이미륵/정규화 옮김

범우사

이야기

아이들을 위한

밝은사

차 례

▨ 이 책을 읽는 분에게 · *5*

머리말 · *7*

무던이 · *21*
신기한 모자 · *91*
선비의 갓을 쓴 하인 · *94*
어린 복술이와 큰 창(窓) · *98*
무수옹(無愁翁) · *107*
염라대왕의 실수 · *111*
어깨기미와 복심이 · *115*
최후의 구원 · *124*
홍문(紅門) · *127*
상중(喪中)의 고양이 · *132*
월매와 악독한 계모 · *136*

남산이 · *144*
그믐날 저녁의 도둑 · *157*
하늘의 사자(使者) · *162*
바둑놀이 · *166*
동방삭이 잡히다 · *171*
강물 팔아먹은 김봉희 · *173*
미륵불(彌勒佛) · *177*
고양이와 개 · *183*
화가(畵家) 낙동 · *187*
삶에 대한 갈망—불설(佛說) · *192*
주인과 하인 · *195*

□ 해설/이미륵의 생애와 작품 · *200*

이 책을 읽는 분에게

이미륵(李彌勒 : 본명 李儀景, 1899~1950) 박사가 타계한 지 벌써 반 세기가 되었다. 그러나 그의 작품들은 아직도 수많은 독자들에게 사랑을 받고 있다. 한국인 작가가 독일어로 작품을 발표하여 한국을 독일 문단에 돋보이게 소개한 것은 이미륵이 최초이며 유일한 인물이다. 작품으로는 그의 대표작인 〈압록강은 흐른다〉 외에 〈무던이〉〈실종자〉〈탈출기〉〈그래도 압록강은 흐른다〉 등을 들 수 있다.

이미륵은 1920년 5월 스물한 살의 나이로 독일땅에 도착하여 뷔르츠부르크 및 하이델베르크 대학에서 의학 공부를 하고, 1925년부터 뮌헨대학교에서 공부를 계속하여 1928년에는 동물학으로 박사학위를 취득하고, 줄곧 작가 생활을 하였다. 하지만 끝내 그는 그토록 그리던 고국의 땅을 다시 밟지 못하고 1950년 3월 20일, 뮌헨 교외의 그래펠핑에서 영면하였다.

여기에 소개하는 중편 소설 〈무던이〉와 역자가 그 동안 수집 발표한 미륵의 '이야기' 및 '수필'들은 지난 70년대 중반 독일에서 원문 그대로 발행했던 것들이다. 이 중 〈무던이〉를 제외하고는 모두 우리의 민담을 독일어로 엮은 것이기 때문에 사실상 우리에게는 그다지 새로울 것은 없다.

  그러나 우리는 여기에서 미륵이 평소에 시도했던 문학 활동의 일부분, 즉 한국 민속 문학을 독일 땅에 심어 놓은 찬란한 업적을 쉽게 엿볼 수가 있다.

  이 글들의 일부는 저자가 타계하기 전후하여 독일의 신문 또는 잡지에 발표된 적이 있는 것이고, 다른 부분들은 역자에 의하여 새로 찾아진 작품들이다.

  이 원고들을 20여 년이나 보관하고 있다가 역자에게 넘겨주신 오토 자일러 씨와 엘제 지그문트 여사 및 그 외의 미륵의 친구분들에게 감사를 드린다.

  금번 이 단편들의 발간을 위하여 국내에서 수고하여 주신 박환덕(朴煥德) 교수와 범우사의 윤형두 사장 그리고 여러분들께 감사드린다.

옮 긴 이

머리말

　어느 더운 여름날 오후, 나는 냇가에 놀러 가서 미역감았다. 졸졸 흘러내리는 냇물에서 미역감아 보기는 평생 처음이었기 때문에 내 모습이 퍽 불안해 보였던 모양이다. 나보다 서너 살 위인 누나는 이런저런 경험들이 많아서인지 내가 불안해하는 모습을 보고 겁내지 말라고 위로해 주며 냇물에서 미역감는 것은 정말 즐거운 일이라고 얘기했다. 누나 자신은 물에 들어오지도 않고 냇가에 서 있다가 내 손을 붙들고 점점 깊은 곳까지 끌고 들어가 마침내 물 깊이가 목까지 오는 곳에 닿았다. 한참 동안 물 속에서 이리저리 왔다갔다하다가 누나는 나를 바위 위에 세워 놓고 발을 동동 구르며 주문(呪文)을 자꾸 자꾸 외라고 시켰다.
　"동동 할미야, 내 몸이 얼른 마르게 해다오."
　'할미'란 말이 '할머니'란 뜻인 줄은 물론 알고 있었다. 그러나 바로 그 '동동 할미'가 누군지는 몰랐다. 그저 이 '할미'도 한국의 모든 할머니들처럼 백발 노파로서 흰 옷을 입고 있는 할머니일 것이라고 짐작했을 뿐이었다. 누나더러 그 '동동 할미'가 도대체 어디에 살고 있느냐고 물었더니,

"낸들 그걸 어떻게 아니? 저기 높은 바위들 틈에 있겠지. 언제고 미역을 다 감고 나면 이 주문을 외어야지, 그렇지 않으면 마귀 할멈이 나타나서 너를 병들게 할 거야. 마귀 할멈도 바위 틈에 살고 있어."
하고 말했다.

이런 할멈들은 눈에 띄지 않는 존재들이었다. 그래도 지금은 밝은 대낮이기 때문에 나는 조금도 무섭지 않았다. 냇물은 거울같이 맑았고, 하늘은 푸르렀으며 바위는 햇빛을 받아서 훤하게 보였다.

그러나 내가 항상 찜찜한 것은 예전에도 여러 번 들은 적이 있는 '핀주'에 대한 생각이었다. 이 '핀주'는 착하지 않은 애들을 붙들어가는 무서운 성질을 가지고 있다고들 했다. 언젠가 한 번 내가 손가락에 침칠을 하고 미닫이의 창호지를 적신 적이 있었다. 그런 장난이 퍽 재미있었기 때문이었다. 그랬더니 어른들 말씀이, 그런 장난을 하면 핀주가 화를 내고 나를 잡아간다는 것이었다. 핀주는 머나먼 곳 어딘가 남쪽 바다에 살고 있지만, 순식간에 달려와서 착하지 않은 애를 잡아간다고 했다. 나는 그 말을 듣는 순간 무서운 생각이 들었다. 더구나 오후에 비가 쏟아지고 천둥이 칠 때면 더욱 무서웠다.

그 다음으로는 내가 몇 번 들어서 알고 있는 것이지만, 우리들 눈에 보이지 않는 존재가 우리 집 어딘가에 살고 있다는 것이었다. 거기에는 우리에게 닥칠 불행을 막아 주고 우리를 보호해 준다는 삼신(三神)이 있다는 것이다. 그런데 이

삼신들은 우리 집 대문간 근방 어딘가에 살고 있다고 했다. 어른들은 해마다 새로운 종이 뭉치를, 그것도 세 번 접어서 대문 안쪽으로 걸어 놓고 봉헌하였다.

또 다른 귀신이 우리 집 곳간에 살면서 곡식을 보호한다는 것이었다. 어른들은 해마다 그 귀신에게 곳간 구석에 걸어 놓았던 볏단 하나를 봉헌하였다. 이렇게 볏단을 달아매는 뜻을 듣고 난 후로는 내가 혼자 곳간에 들어가는 일이 있을 때마다 금방 귀신이 나올 것 같은 기분이 들었다. 왜냐하면 내 눈에는 직접 귀신이 보이지 않았기 때문이었다.

구름 몇 점 없는 화창한 날에는 소위 산신(山神)들이 우리 고을의 수양산 기슭에 모여 앉아서 노래도 부르고 술도 마신다고 했다. 누나의 말에 의하면 나무꾼들은 그런 날이면 산정에 올라가다가 그 산신들을 보게 된다는 것이다. 그 산신들은 본래는 사람이었는데, 지금은 하늘에서 살며 속세의 향락을 위해 가끔 지상에 내려온다고 했다. 예를 들면 하늘의 별들도 예전에는 지상에서 살았는데, 지금은 산신이 되어 하늘에 살고 있으며 또한 태양이나 달도 본래는 인간이었다고 한다.

그리고 아주 옛날에는 깊은 바닷물 속에도 사람들이 살았는데, 그것은 주로 추방당한 부인네들이었으며, 그들은 지상으로 다시 돌아올 수 없었기 때문에 매우 슬픈 나날을 보냈다는 것이다. 이 부인네들은 달빛이 훤히 비치는 날 밤이면 물에서 나와 달빛에 머리를 말리기 위해 바위 위로 올라갔다고 한다. 머리를 단정하게 빗고 난 부인네들이 구슬프고 쓸

쓸한 노래를 불렀다는 말을 들으니, 나는 그들에 대한 동정심이 절로 솟아올랐다.

또 깊은 산 속에는 토끼와 여우, 늑대며 곰, 그리고 호랑이 같은 야생동물이 살고 있었으며, 이 동물들도 본래는 사람이었는데 이곳으로 추방당해 와서 그렇게 살고 있다고 했다. 그들도 물론 서로서로 방문도 하고, 서로 속이고 훔치기도 한다고 누나는 하나하나 얘기해 주었다. 이러한 얘기들은 소위 '이야기'라고 하며, 각기 동물의 종류에 따라 '여우 이야기', '토끼 이야기', '호랑이 이야기'라고들 하였다.

가장 많이 들은 이야기가 '호랑이 이야기'였는데, 그것은 호랑이가 가장 영리하고 의젓한 동물이기 때문이었다. 호랑이는 착한 사람과 악한 사람을 구별할 줄 알아서 계모 이야기에 흔히 나오지만, 계모에게 쫓겨난 착하고 불쌍한 아이는 절대로 잡아먹지 않았다고 한다. 이렇게 불쌍한 아이들은 호랑이에게 발각될지 모르는데도 추위에 떨지 않으려고 나뭇잎을 모아 놓고 밖에서 밤을 새우는 때도 있었다고 한다.

어린애들은 주로 젊은 청년이 집을 나가서 헤매다가 몇 년이 지난 후에 성공해서 돌아오는 얘기들을 했다.

한 번은 어떤 젊은이가 부모가 너무 가난하니 집을 떠나 어디 가서 출세해 보라는 어른들의 말을 듣고 고향을 떠났다는 이야기도 있고, 또 다른 아이는, 온 식구가 다 죽어서 그 낡아빠진 집에 혼자 살기 싫어서 집을 떠났다는 이야기도 있다. 일단 길을 떠난 사람은 짚신을 신고 참대 지팡이를 짚고, 산을 넘고 계곡을 지나서 수백 리 길을 걸어야만 했다. 어떤 때는 아무리 걸어도 인가가 보이지 않아서 풀잎을 뜯어먹으며 연명하였고, 밤이 되면 별이 총총 떠 있는 하늘 아래 팔을 베개 삼아 잠을 자곤 했다. 그래도 방랑객은 끝없이 걸어서 결국 우연히든, 기적에 의해서든 행운을 찾는 일이 있었다고 한다.

한번은 어느 방랑객이 여러 날을 적막한 산길을 따라 걸어가다가 어느 날 밤에 멀리서 불빛이 반짝거리는 것을 발견했다. 그가 그곳에 가까이 갔더니 그것은 조그마한 오막살이였는데, 불빛이 창문에 훤하게 비치고 있었다. 그는 문간에 서서,

"지나가는 나그네인데 하루 저녁 재워 주십시오."

하고 청했다. 그랬더니,

"이렇게 보잘것없이 누추한 오막살이라도 괜찮으면 어서 들어오시오."

하는 여자의 목소리가 들렸다. 문을 열고 방에 들어가니 집주인은 매우 늙은, 눈까지 먼 할머니였는데 너무나 가난하여 나그네에게 아무것도 대접하지 못하고 그저 좁다란 옆방에서 잠을 자라고만 했다. 나그네는 할머니의 호의에 고맙다는 인사를 하고 자리에 드러누웠다. 그런데 그 방 안에는 음식과 과일이 담긴 대접과 광주리가 놓여 있었다. 그러나 나그네는 배가 고파 죽을 지경이었는데도 음식에는 손도 대지 않았다. 그 이유는 그 음식과 과일은 할머니가 갖고 있는 전부라고 생각됐기 때문이었다.

다음날 아침, 할머니는 손님에게 김이 무럭무럭 나는 밥과

닭고기, 나물을 한 상 가득 대접하면서,
"당신은 참 착한 분이오. 내 비록 앞을 못 보지만 다 알고 있소. 당신이 그토록 배가 고팠는데도 내 저장 식품에 손도 대지 않았으니, 그 대가로 무슨 보답을 해드려야겠소. 만약 당신이 오늘 다시 길을 떠나게 되면 누군가가 당신에게 도움을 청할 것이오. 그러면 도움을 청하는 그 사람에게, 그 불행의 원인은 깊은 곳에 숨겨져 있는 악한 지휘관의 초상화 때문이라고만 말하시오."
하고 말했다.
 나그네는 할머니가 가르쳐 준 주문에 고맙다고 말하고 새벽 일찍이 산길을 따라 길을 떠났다. 그는 하루 종일 걸었는데도 집 한 채 눈에 띄지 않았고, 스님 한 분도 만나지 못했다. 그래서 그는 할머니가 가르쳐 준 예언이 소용없는 것이라고 생각했다. 해가 서산에 지고 저녁때가 되자 그는 널따란 계곡에 닿았다. 그때 그는 불이 훤한 큰 집 한 채를 보았는데, 그 집은 가까이 가면 갈수록 화려해서 마치 궁전같이 보였다. 그 집 솟을대문 앞에 이른 그는, 지나가는 나그네인데 하룻밤 유할 수 있겠느냐고 하인들에게 물었다. 그랬더니 하인 한 명이 이렇게 말했다.
"더 걸어갈 수만 있거든 다른 집이 보일 때까지 걸어가시오. 이 집에는 지금 무남독녀가 위독해서 집안이 온통 비통한 분위기오."
 그때 그는 할머니가 가르쳐 준 주문 생각이 나서,
"만일 주인 어른께서 제게 조언을 청하시면 따님은 죽기 전에 구제될지도 모릅니다."

하고 말했다. 하인들이 나그네를 주인에게 안내하자 주인은 그 손님을 공손히 영접했다.

  주인은,

"온갖 약초를 다 써 보았지만 어린아이의 병은 낫지 않았소. 만약 당신이 우리 딸의 병만 고쳐 주면 그 은혜를 잊지 않겠소. 당신은 이 지상에서 인간이 성취할 수 있는 온갖 소원을 다 성취하게 될 것입니다."
하고 말했다.

  그러자 나그네는,

"불행의 원인은 이 집 깊은 곳에 숨겨져 있는 악한 지휘관의 초상화 때문입니다."
하고 말했다.

  근심에 가득 차 있던 아버지는 잠깐 생각에 잠기더니, 하인들로 하여금 환자의 방에 있는 큰 벽장을 치우고 벽지를 모조리 뜯어버리게 하였다. 그랬더니 과연 벽 속 침침한 곳에서 어떤 무장을 한 지휘관의 모습이 보였다. 그래서 그들은 당장 초상화를 떼어서 마당에 불을 지피고 태워버렸다. 아니나 다를까, 정말 기적이 일어났다. 초상화가 다 타버리자 죽어가던 딸이 서서히 숨을 쉬기 시작했고, 다음날 아침에 완쾌되어 일어나니 마치 깊은 잠에서 깨어난 듯하였다.

  너무나 기뻐서 어쩔 줄 모르는 주인 내외는 나그네를 가지 못하게 붙들면서 그 집에 그냥 있어달라고 부탁했다. 가난한 나그네는 결국 그 집 딸과 혼인하여 훗날에 그 근방에서 가장 큰 부자가 됐다는 이야기였다.

  이야기들은 대부분 이런 식으로 끝났다.

어떤 사람은 그의 겸손한 태도 때문에, 또 다른 사람은 재치로써, 그런가 하면 또 어떤 사람들은 용감한 의지 때문에 행복을 찾는 일도 있었다. 어쨌든 현명한 사람이나 예언자가 이와 비슷한 일에 관련되는 이야기들이었다. 결국 행복한 사람은 어여쁜 색시와 결혼하게 되어 엄청난 부자가 되거나 유명한 사람이 되어 금의 환향했다. 우리 친구들이 여러 친구들과 자리를 같이하여 옛날 이야기들을 시작하면 나는 정말 즐겨 들었었다.

어른들은 아이들과는 전혀 다른 이야기들을 나누었다. 그들은 어여쁜 색시 얘기나 재물 이야기 같은 것은 하지 않았다. 오히려 그 반대 얘기들을 했다.

어른들이 나누는 이야기 속에는 예쁜 여인들은 가끔 허영심 때문에, 그리고 부유한 남자들은 너무나 인색했던 나머지 벌을 받는 내용들이었다. 나쁜 사람들에게 벌을 줄 때마다 도깨비가 나타났다. 좀처럼 사람의 눈에 띄지 않는 이 도깨비들은 다섯 살 된 아이보다 클까말까 하다고 한다. 도깨비가 보통 사람의 눈에 띄지 않는 것은 그것들이 자기의 몸을 감출 수 있는 마법의 외투를 몸에 지니고 있기 때문이라고 한다. 만약 어린애들이 저녁 늦게까지 골목을 돌아다니면 도깨비가 나타나 돌을 던지면서 집으로 가게 한다고 한다. 또한 도깨비들은 낮에도 잠만 자는 어른들에게는 발바닥 사이에 솜뭉치를 끼워 놓고 불을 붙여서 잠자던 사람이 벌떡 깨어나게 한다는 것이다.

언젠가 우리 고을의 어느 부잣집에서 성대한 결혼식이 거행됐을 때 도깨비들이 와서 국수를 모조리 훔쳐다 마당에 있는 나뭇가지에 걸어 놓았기 때문에 잔칫집에서는 난리가 나서 한참 동안 국수를 찾았다는 얘기도 있다. 이런 도깨비들은 허영에 떠 있는 여자들에겐 그리 심하지 않은 병에 걸리게 하여 그 여자들의 얼굴을 흉하게 만들기도 하고, 또 어느 부유하나 인색한 사람의 집에는 곳간에다 수십 마리의 쥐를 가만히 풀어 놓아 곡식을 먹게 했다는 얘기도 있다. 또한 어른들의 이야기 중에는 명예욕이 강한 남자가 허영심 때문에 도깨비의 장난으로 벌을 받게 되는 이야기도 있다. 그래서 많은 예언자나 성직자, 학자 또는 의사들이이 도깨비에게 농락을 당한 일이 허다하다.

한 번은 과거 문과에 급제한 운 좋은 어느 학자가 '진사'라는 자기의 새로운 호칭을 자만스럽게 여겼다. 그는 아무 것도 모르는 단순한 사람들을 감탄시키기 위해 먼 시골로 내려갔다. 어느 고을에 도달한 그는 어떤 집 앞에서 돗자리를 짜고 있는 노인에게 혹시 '진사' 한 분을 하룻밤 재우는 영광을 누리지 않겠느냐고 물었다. 그 노인은 이 소리를 듣고 너무나 황송해서 손님을 자기 집 사랑방으로 데리고 들어갔다.

저녁때에 서로 얘기를 나누다가 그 젊은이는 어려운 과거 시험 얘기를 하며 천여 명의 응시자 중에서 자기가 3등으로 급제했노라고 자랑했다. 그 노인은 젊은이가 과거에 급제했다는 사실을 높이 평가하고 나서, 자기가 지난 봄에 우연히 과장(科場)의 시관으로 있었기 때문에 그런 내력을 잘 알고 있다고 말했다. 젊은이는 자기가 과장해 말한 것이 탄로나자 부끄러워 그날 밤 도망쳐 버렸다는 얘기였다.

이런 식으로 허영에 들뜬 남자들은 관명(官名) 때문에, 그리고 명예욕이 지나친 관료들은 그들의 자만 때문에 비난을 받는 예가 많았다. 당시의 태수치고 교양이 부족했거나 지나친 사치심 때문에 국민들로부터 비난을 받지 않은 사람이 거의 없었다.

내 생각으로는 성실한 선비들에게 표창을 주는 것은 부질없는 일같이 보였다. 그래서 옛날 유명했던 율곡(栗谷) 같은 학자는 어떠한 관명도 받기를 거절하며 사양했던 것이다.

그러나 율곡 선생에겐 유감스럽게도 지나칠 정도로 허영심에 찬 장모가 있었다. 장모는 자기 딸이 명성 높은 사람의 부인이 된다는 허영심 때문에 딸을 그 학자와 결혼시켰다. 물론 누가 과거에 급제한다는 사실은 그 가문을 위해서도 엄청난 명예였다. 궁정 악사들이 경사 난 이 집에 와서 그 젊은이의 학식에 대한 임금님의 기쁨을 전하기 위해 3일간이나 계속해서 연주하며 풍악을 울렸던 것이다.

그래서 율곡 선생의 장모는 자기 집에서도 그런 자랑스러운 음악 소리를 듣고 싶었다. 율곡 선생도 장모님의 이런 의도를 알고 한양에 올라가서 그 최고의 관명을 얻었던 것이다. 그가 임금님을 알현했을 때, 임금님은 그 젊은이에게 궁정 내에서의 관직을 원하는가, 아니면 지방 관청에 내려가겠는가 하고 물었다. 그러나 율곡은 임금님께 자기는 어떠한 관직도 원치 않으며 오직 고향으로 돌아가서 조용히 글을 쓰면서 살고 싶다고 대답했다. 그러면서 그는 임금님께 혹시 자기의 영예를 위해 베풀어 주실 수 있으시다면 궁정 악사들이 축하제 때에 사흘만 묵지 말고 9일 동안 머물게 해달라고 간청했더니 임금님은 이 간청을 쾌히 승낙하셨다.
 이리하여 결국 그토록 그리던 영광의 풍악 소리가 조용하던 시인의 집에서 온 시골 사람들을 기쁘게 하는 축제로 울리기 시작했다. 요란스럽게 북소리가 울렸고 하루 종일 나팔 소리도 들렸다. 나흘째 되던 날, 장모님이 사위 되는 율곡에게 와서 이 영광의 풍악 소리가 앞으로 며칠이나 더 계속될 것인가를 물었다.
 "임금님께서 각별히 은총을 베푸셔서 저의 과거 급제를 위해 아흐레 동안이나 풍악을 울려도 된다고 허락하였습니다."
하고 사위는 대답했다.
 그러자 장모는 한숨을 내쉬며,
 "이런 자랑스러운 명예를 시끄러운 풍악 소리를 내지 않고 받는 길은 없을까."
하고 물었다.
 "그거야 물론이지요. 임금님께서도 사실은 이렇게 시끄러운 표창보다는 조용한 명예를 더 높이 평가하십니다."
라고 사위는 도리어 잘되었다는 듯이 대답했다.
 그리하여 궁중 음악 악사들도 그 집을 떠나갔고, 장모도 평온한 나날을 다시 찾게 되었다.
 바로 이 인기 있고, 전설에 싸인 율곡 선생이 한국의 옛이야기와 동화, 전설, 일화(逸話) 등을 처음으로 수집하여 기록으로 남긴 분이다.
 어렸을 때 어느 날, 나는 우리 집 책장에서 2백여 페이지 되는 책을 발견했다. 그리고 그 책이 바로 율곡 선생께서 수집한 이야기책이라는 것을 알았을 때, 나는 황홀해서 어쩔 줄 몰랐다. 나는 그 책을 아버님께 보여 드리고 그 책을 읽어도 되느냐고 여쭈어 보았다. 그랬더니 아버지께서는 읽어도 된다고 하시며, 내 글씨를 고칠 겸 해서 책의 내용을 하나하나 베끼라고 하셨다.

어렸을 때 이런 일이 있은 지 어느덧 30년 이상이나 흘러갔고, 그때 읽은 이야기의 대부분은 내 기억에서 사라졌지만 각별히 내 마음에 들었던 이야기들만이 기억에 남아 있다. 그래서 나는 그 이야기들을 독일 말로 옮겨 보려고 시도하였다.

내가 이 이야기들을 번역해 놓고 읽어 보니 우리 누나가 얘기해 주던 호랑이 이야기며, 서당에 같이 다니던 친구들의 조그마한 방이며, 부모님께서 내게 얘기해 주시던 근심 없던 시간이 기억에서 되살아나는 것 같은 기분이 든다. 이런 이야기들이, 나의 사랑하는 독일 친구들이 읽으면서 유머로 가득 찬 즐거운 시간이 됐으면 한없이 기쁘겠다.

1948년 이미륵

이야기

이야기

무던이

 가을 해가 어느덧 황해 저편으로 져버렸다. 농어촌의 오막살이 몇 채가 있는 동쪽 해안의 암벽 많은 어느 항구에서는 푸른 저녁 연기가 대기 속으로 솟아오르고 있었다. 그곳으로부터 더 위쪽으론 계곡이 붉은 단풍빛으로 물들여져 협곡을 이루고 있었으며, 회색 지붕에는 어느덧 저녁의 어둠이 깃들였다.
 이곳이 율곡(栗谷, 밤골)이다. 이곳을 통하여 구소(九沼)라는 아름다운 강이 흐르고 있다. 그 강은 수많은 굽이굽이에서 계곡을 벗어나 아홉 개의 깊고 푸른 늪(沼)을 이루고는 급작스런 흐름으로 커다란 바윗덩어리를 쳐부수고 소용돌이치며 천천히 옆으로 퍼져 흘러갔다. 바로 여기가 양잠업으로 부유하게 살아가는 윗마을과, 가난한 어농민의 초가집으로 꽉 찬 아랫마을과의 경계를 이루는 곳이었다. 흔히들 말하기를, 계곡의 모든 전답은 예전에는 아랫마을 농부들에게 속했었다고 한다. 하지만 지금은 그들 중 대부분이 인근 대처(大

處)에 사는 어느 지주의 소작인으로 일하고 있었다. 가을이 면 황금빛 물결로 불타는 이 아름다운 들판이 비록 대처 지주에게 속하고는 있지만, 그곳 사람들은 가난 속에서도 만족하고 행복했다. 그들은 바다에서 고기며 굴이며 조개며 소라며 새우 등을 얼마든지 잡을 수 있었다. 그리고 저녁에 생선 반찬에 수수밥을 앞에 놓고 온 식구가 모여 앉으면 바깥 세상일은 잊을 수가 있었다.

가난한 소작인인 과부 수압댁이 일을 마치고 집으로 돌아왔을 때는 이미 어두워져 있었다. 그녀는 곧 열네 살짜리 딸 무던이가 저녁 준비를 하고 있는 부엌으로 들어갔다.

"곧 저녁 준비가 끝나요."

하고 소녀는 말했다.

"오늘은 불이 잘 피지를 않았어요."

어머니는 솥 안을 들여다보았다.

"너 도대체 뭣을 끓이니?"

"수수밥!"

"그런데 아무것도 안에 든 것이 없지 않니!"

무던이는 깜짝 놀라 솥 안을 들여다보았다. 정말 거기에는 맹물만이 끓고 있었다.

"맹물만을 먹을 수야 없잖니!"

어머니는 말하고 웃었다.

생선 역시 아직껏 비늘도 털지 않은 채였다. 수압댁은 얼른 스스로 일을 시작했다. 무던이는 부끄러운 듯 서둘러 어머니를 돕는다.

"너 오늘 문화 부인댁에 갔었니?"

어머니가 물었다.

"네."

하고 무던이는 얼른 대답했다.

"그런데……."

"그런데 뭐?"

"그 애가 왔어요."

"아, 그래? 그래서 네가 그렇게 늦었구나! 그래 그 애가 어떻게 보이더냐?"

"좋게 보여요!"

무던이는 대답하고 얼굴을 붉혔다.

무던이는 이 소년을 진심으로 좋아하였다. 그는 열한 살이고 이름은 우물이었다. 어머니 역시 그를 사랑하고, '착하고 귀여운 소년'이라고 불렀다. 그러나 어머니로서는 딸이 그를 너무나 좋아하는 것이 여간 걱정이 아니었다. 이 철없는 무던이는 그의 아내가 되었으면, 즉 이 부잣집 소년의 아내가 되었으면 하고 여간 바라지 않았다. 이 소년이 바로 이 밤골의 농토를 소유하고 있는 지주의 아들이었다. 수압댁과 딸이 살고 있는 이 조그마한 집도 이 소년의 부친의 것이었다.

식사 도중 어머니는 딸에게 물었다.

"너 얌전하게 굴었니?"

무던이는 고개를 끄덕이고는 창 밖을 내다보며 천천히 숟가락질을 하였다.

"그 애가 너에게 친절하더냐?"

"그 앤 늘 친절해요. 그 앤 나를 껴안았어요!"

"그래, 그 애는 친절하다."

하고 어머니는 나직이 말했다.

  2년 전 그녀의 남편이 죽은 후 대처에 있는 그 부잣집에 갔었을 때, 그들은 처음으로 그 소년을 보았다. 그 당시 수압댁은 이 소년의 양친으로부터 남편의 생시와 똑같이 계속 이 집에 살며 농토의 소작권을 소유해도 좋다는 허락을 청해야만 했다. 이 간청이 수락될는지 염려되어 퍽 불안하였다. 왜냐하면 이 동네만 해도 토지가 부족하여 농부들마다 죽은 농부들의 소작권을 인계받아 보려고 희망했기 때문이다. 그 얼마나 많은 사람들이 똑같은 용무를 가지고 수압댁보다 먼저 그곳을 다녀갔겠는가? 그녀는 대처까지의 그 먼길을 걸어 아주 불안한 마음으로 그 큰집의 문턱을 넘어섰다. 무던이는 처음에는 숫제 들어가지도 않으려 했다. 무던이는 이 대궐 같은 집과 그 집을 들락날락하는 낯선 사람들이 무척이나 무서웠던 것이다. 그렇지만 이 모녀는 입에 풀칠을 하기 위해서라도 이 싸움을 끝내 이겨내야만 했다. 수압댁 자신도 좀 서먹서먹했지만,

"아무렇지도 않으니 들어가자!"

라고 하며 딸을 달래었다.

  그때 열 살도 채 되지 않았던 이 소년이 그들을 맞아들였고 아주 초라한 옷차림을 한 이 시골 소녀와 장난도 하고 같이 놀기도 하며 마치 친척이나 되는 양 무척 다정하고 붙임성 있게 굴었다.

  그리고 분명 이 소년의 붙임성이 그의 어머니의 마음을 움직여 그녀로 하여금 그들의 간청을 들어주게 했을 뿐만 아니라 또한 장례 때의 많은 지출을 참작하여 상복기(喪服期) 동

안 집세도 면하게 해주었던 것이다. 수압댁은 작별할 때 그 소년을 껴안고 볼을 맞췄으며, 가엾은 무던이는 그 부잣집에서의 즐거웠던 며칠간이 아쉬워 한없이 울었다. 그렇게 맛난 음식도 많이 대접받고 여러 가지 신기한 것도 많이 보고, 게다가 그렇게 친절하고 아름다운 소년과 함께 놀 수 있었다는 것이 그녀에게는 얼마나 행복했던 일인지! 돌아오는 도중, 개암나무 밑에서 쉴 때에 무던이는 가만히 우물과 결혼할 수 있을 것인지를 물었다.

"아, 이 어리석은 무던아!"
하고 어머니는 깜짝 놀라 소리질렀다. 하지만 이 애가 이런 생각을 한다는 것이 한낱 기적을 바라는 것에 지나지 않을까? 그 아름다운 집, 그 훌륭한 물건들, 그리고 그 사랑스런 소년! 오, 하느님, 이 애가 정말 그렇게 된다면……. 안 돼. 그런 생각을 절대로 해서는 안 되지. 그녀가 그렇게 형편없이 가난하지만 않았어도 모를까? 온 겨우내 그녀는 사랑하는 딸에게 겨우 이틀에 한 번씩밖엔 수수밥을 먹일 수가 없었다. 그래서 한창 자라나는 소녀는 아주 창백하고 수척해 보였다. 그런데 행복스러운 그 소년은? 아니, 이런 어리석고 불손한 생각을 일개 소작인의 딸이 지껄이다니! 어머니는 무던이가 다시 한 번 되풀이해 물었을 때 안쓰럽기 그지없었다. 그러나 그녀에게 있어서 무던이는 오직 하나의 자식으로서 그 자식에게만은 최대한 행운만이 내려지기를 바라고 있었다.

"만일 그런 얘기를 아무에게도 하지 않는다면 이 다음 그와 결혼할 수 있을지도 모른다."

고 그녀는 아직도 작별의 슬픔을 진정하지 못하고 있는 딸을 위로했다.

이듬해 가을, 그 소년은 시숙(媤叔)의 농토의 일을 감독하며 이 마을에서 살고 있는 숙모 집에서 겨울을 보내기 위하여 이곳으로 왔다. 문화 부인이 혼자 살고 있기 때문에 무던이는 매일 문화 부인댁에 가서 집안일을 도와 주곤 했으며, 거기서 다시 우물을 만났고 가끔 그와 함께 지냈었다. 그러나 어머니는 딸에게 우물의 아내가 될 수 없으니 절대로 어리석은 생각은 가지지 말라고 분명히 말했다.

그 후로 무던이는 풀이 죽어 수줍게 그 소년을 훔쳐보며 그와 눈이 마주칠 때면 부끄러워했다. 그러나 소년은 아무 거리낌없이 지껄이고 그녀와 식사도 같이 하고, 그녀의 뒤를 따랐으며 그녀가 제 옆에 없으면 슬퍼하였다. 그러던 중 어느 날 무던이는 어머니와 함께 수압섬(島)에 있는 친척집에 가게 되었고 이듬해 봄에야 비로소 마을로 돌아왔다. 그때 무던이는 몹시 울었다. 하나 다시는 우물에 대한 말은 하지 않았다. 이런 일이 있었던 것이 일 년 전이었다.

그리고 오늘 무던이는 다시 우물을 만났던 것이다.

"그 애가 얼마나 오래 여기 머문다더냐?"

어머니가 물었다.

"열흘 동안만."

"아, 그러면 네 옛버릇이 다시 시작되겠구나!"

무던이는 한참 동안 꼼짝 않고 어머니를 쳐다보았다. 그리고는 이렇게 말했다.

"나 다시는 울지 않을 거예요!"

"우는 것이 나쁜 게 아냐. 네가 아직도 그 애를 생각하니까 그렇지."
"나 다시는 그 애 생각도 않을 거예요!"
다음날 저녁때 무던이는 소년을 데리고 굉장히 흥분해서 집으로 돌아왔다. 그의 숙모가 멀리 떨어져 있는 마을에 볼 일이 있어서 갔는데 당일로 돌아올 수 없으므로 그는 수압댁네서 그날 밤을 지내야만 했던 것이다. 무던이는 어머니 목을 껴안고 급히 귀엣말로 속삭였다.
"우물은 오늘 우리 집에서 잘 거예요!"
"무척 좋겠구나!"
어머니는 웃으며 딸의 머리를 흔들었다.
"그런데 너, 그 애가 다시 가도 정말 울지 않으련?"
무던이는 곧 진지한 얼굴이 되어 부엌으로 들어가 조용히 일을 시작했고, 한편 수압댁은 방으로 들어가 조그만 손님을 맞이했다.
"네가 다시 왔구나!"
그녀는 반가이 소년을 껴안으며 말했다.
"퍽 많이 컸구나! 이젠 거의 무던이만큼 컸는데!"
그는 옛날 그대로 친절하고 붙임성이 있었다. 두 손으로 수압댁의 팔을 붙들고, 있는 힘을 다해 흔들어대는 바람에 그녀의 얼굴이 빨갛게 되었다. 그녀는 성냥을 그어 벽에 걸어 놓은 등잔의 심지에 불을 붙였다. 흙벽에는 등잔 이외에는 아무것도 없었다. 단 한 조각의 그림도 없었고, 그 밖에 방을 장식하는 아무런 것도 없었다.
"여기저기 두리번거리지 말아라. 아주 초라한 방이란다."

그녀가 말했다. 그러자 소년은 당황해서,
"아네요!"
하고 말했다.
저녁 식사 후에 수압댁은 생선 몇 마리를 사러 해변가에 나갔다. 무던이는 부엌에서 설거지를 하고 밤을 삶기 위하여 물을 끓였다.
"불 앞 방석(짚방석)에 앉아라!"
무던이는 제 옆에 서 있는 소년에게 말했다. 그러나 그는 꼼짝도 하지 않았다.
"얘 무던아, 너 왜 나하고 얘기하지 않니?"
"나 지금 너하고 얘기하고 있잖니?"
"너는 오늘과 어제 그리고 지난해에도 나하고 제대로 얘기하지 않았어. 또 너는 나를 쳐다도 보지 않잖아!"
무던이는 지금도 그를 쳐다보지 않았다. 그녀는 손을 씻고 아궁이에 나무를 집어넣었다. 솥 밑에서는 마른 나뭇가지들이 바스락거렸다. 그는 그녀에게로 가서 어깨를 흔들었다.
"도대체 너는 왜 항상 그렇게, 그렇게……."
그는 그것을 뭐라고 표시해야 좋을지 몰랐다.
무던이는 얼굴을 붉히며 말했다.
"너를 보면 부끄러워져."
"도대체 왜?"
그녀는 아무 대답도 하지 않고 부끄러운 듯 땅을 내려다보았다.
문틈으로 찬바람이 들어왔다. 두 사람은 불 앞에 앉았다.
"너 우리 마을에 살고 싶지 않니?"

"나는 학교에 가야만 해. 신학교(新學校)에!"

"거기서 넌 몹쓸 사람밖엔 안 돼! 너의 아버지에게 말해서 여기 학교에 가겠다고 하렴. 나는 너를 매일 밤낮으로 보고 싶어."

"그렇지만 나는 끝까지 배워야만 해. 이제 겨우 반 년밖에 안 다녔는데, 아직도 앞으로 십 년은 더 배워야 할거야."

"네가 다시 가면 내가 얼마나 슬픈지 너는 모를 거야. 그리고 나는 너희들이 총 쏘는 연습을 하는 것을 보면 네가 다른 나쁜 사람들과 같이 전쟁터에 나가게 되지나 않을까 염려돼."

"그들은 나쁜 사람들이 아니야. 그건 거짓말이야. 그들이 얼마나 영리한지를 알기나 알아? 그들은 어떻게 돼서 비가 오고, 지구의 모습이 어떻고, 번개가 어떻게 치는지도 모두 아는 사람들이야. 그들은 또 환자가 아픈 줄도 모르게 팔을 자르기도 한단다."

"너도 그런 모든 것을 배울 생각이니?"

"물론이지!"

"그럼 너는 장가도 안 가고 너를 좋아하는 좋은 색시가 있어도 부인으로 맞을 생각이 없니?"

우물은 잠자코 불만 바라보고 있었다. 그러나 그는 이렇게 말했다.

"장가야 공부를 다 하고 나서 드는 거고, 부인도 공부해 가지고 현대인이 되어야 할 거야."

"어느 여자가 그렇게 할 수 있다고 생각하겠니?"

"요새는 많은 여자들이 신식학교에 다녀."

"아, 그건 모두 점잖지 못한 처녀들이야! 너 혹시 아는 처녀라도 있니?"
"나는 여럿을 알고 있어!"
"몇 살들이나 됐는데?"
"네 나이와 비슷들 할 거야."
"그 애들하고 이야기도 하고 같이 놀기도 하니?"
"물론이지! 우리들은 너처럼 그렇게 남녀간에 차별을 두진 않아."
"그래, 그러니깐 그 여자들이 점잖지 못하다는 거야!"
그녀는 말하고 부지깽이로 죄없는 땅바닥을 벅벅 긁었다.
어머니가 돌아온 것은 이들 둘에서 밤을 모조리 까먹은 후였다. 잠자리가 준비되었다. 우물에겐 부엌 쪽의 불길이 제일 잘 드는 따뜻한 아랫목을 내주었다. 여기에 수압댁은 제일 두껍고 부드럽고 아름다운 요와 이불을 깔았다. 이부자리는 수압댁이 시집올 때 혼수로 받은 것이지만 몇 번밖엔 사용하지 않았다. 그녀는 이것을 후일 딸이 시집가게 되면 주려고 고이 간직하고 있었던 것이다. 두 번째로 따뜻한 자리는 무던이에게로 차례가 갔는데, 역시 따뜻한 이부자리에서 자게 되었다. 그러나 어머니만은 제일 윗목 벽 쪽 변변치 못한 이불 하나를 덮고 누웠다. 아이들은 곧 잠이 들었다.
새벽녘이 되니 방 안이 얼음장같이 찼다. 문 창호지를 통해 한기가 방 안으로 스며들었다. 수압댁은 일어나서 등잔에 불을 켜고 이불을 뒤집어쓴 채 일거리를 잡아 보려 했으나 너무나 추워 손이 막 떨렸다. 그녀는 문틈과 창문 틈바구니를 헌옷으로 틀어막고 아이들이 자고 있는 이부자리 밑에 손을 넣어 보았다. 무던이는 잠결에 자꾸만 따뜻한 쪽으로 파고 내려가서 이제는 우물의 자리에 같이 누워서 자고 있었다. 어머니는 나란히 누워서 자고 있는 두 아이들의 얼굴을 보고 슬며시 미소를 짓더니 갑자기 진지한 표정이 되었다. 그녀는 부드럽게 딸의 이마를 쓰다듬어 주고는 방에 불도 지피고 조반 준비도 할 겸 밖으로 나갔다.
 "지금 저녁이냐, 아침이냐?"
 잠에서 깬 우물은 이렇게 묻고 다시 눈을 감고 벽 쪽으로 돌아누웠다. 무던이는 아직도 잠에 취해 있었다. 조금 있다가 우물은 자리에서 일어나 방을 이리저리 둘러보았다. 아직도 캄캄한 밤중인데 등잔불이 켜져 있었다. 그는 잠자는 무던이를 들여다보다가 가만히 그녀의 어깨에서 이불을 잡아당겼다. 그러나 그는 곧 다시 이불을 덮어주고는 자리에 누웠다. 이때야 무던이는 눈을 뜨고 하품을 하였다.
 "얘 아직 자니?"
 그녀는 소년을 흔들었다.
 "아니, 나 벌써 언제 깼다고. 아직 저녁이니?"
 "아니야, 새벽이야. 엄마는 벌써 불을 때고 계셔."
 부엌에서는 일하는 소리가 들리고 밖에서는 바닷물 소리가 들려왔다. 집 뒤의 울타리가로 사람들이 지나다니는 소리도 들려왔다.
 무던이는 등잔 있는 데로 가서 불을 꺼버렸다. 그러자 동창(東窓)이 훤히 밝아왔다.
 "너 내 머리에다 무슨 장난을 해 놨길래 머리가 이렇게 헝클어져 있니!"

소년은 아무 말 없이 조용히 누워서 허공을 응시하고 있었다.

"너 늘 나하고 같이 자지 않을래? 이렇게 같이 누워 있으니깐 참 좋아."

"그래, 참 좋아."

하고 그는 계속 이렇게 말했다.

"너는 내가 동이 트는 것을 볼 수 있게 아침마다 일찍 나를 깨워 줘야만 해. 그리고 등잔불도 켜놓고 또 다른 사람들이 아침밥 지으러 나가더래도 너만은 내 옆에 있어 줘."

조반을 먹은 후 우물은 가버렸다.

"그앤 이젠 퍽 컸더라."

하고 어머니가 말했다.

딸은 아무 말 없이 그릇에 행주질만 하고 있었다.

"오늘은 집에 있거라. 우물에게도 가지 말고. 사람들이 보면 너를 좋게 여기지 않을 거다."

"그렇지만, 엄마!"

"아니야. 무던아, 너도 이젠 처녀가 됐어. 낯선 사람들 눈에 자꾸 띄게 되면 못쓴단다."

"하지만 그 애는 낯선 사람이 아니잖아요! 그 애 앞에서도 내외를 해야 하나요?"

이 내외라는 묘한 말은 '남녀간에 간격을 두라'는 뜻으로 쓰이는 것이다. 처녀들이나 또 삼십 이전의 부인들은 외간 남자와 가까이 해서는 안 되었다. 그들은 외간 남자들이 들어올 수 없는 안채에서만 머물렀으며, 다만 친척이나 가까운 친구지간에만 서로 부인네들을 볼 수 있었고 또 그들과 이야기할 수 있었다. 만약 어느 여인이 외간 남자와 가까이 있어서 몸을 피한다면 사람들은 이 여인을 '내외'를 한다고 말하였다.

"아니, 내외를 할 필요는 없어. 만일 네가 그를 우연히 보았다면 피할 필요는 없다. 하지만 그를 방문한다든지 오랫동안 그와 함께 있는다든지 하는 일은 이젠 해서는 안 된다."

"그렇지만 그 애는 아직 어른이 아니잖아요!"

"어른은 아니지. 그렇지만 그 애는 부잣집 아들이야. 양반집안에서는 아이들도 남녀는 서로 떼어놓는단다. 왜냐하면 그것이 미풍 양속이기 때문이지."

무던이는 문설주에 기대 서서 흐느껴 울었다. 어머니가 열심히 타이르는데도 그녀는 오래도록 울었다.

저녁때가 되자 무던이는 다시 눈물을 흘렸고, 또 다음날 아침에도 울었다.

우물은 무던이를 만나지 못하게 되었다. 그는 거기에 대해 몹시 항거했으나 아무런 소용도 없었다. 미풍 양속이 너무나 엄해서 소녀가 혼기에 달하면 그런 어린애들의 교유 관계마저도 끊어야만 했던 것이다. 장벽이 높으면 높을수록, 장막이 두꺼우면 두꺼울수록 우물이 무던이를 그리는 마음은 커갔다.

무던이는 모든 것을 운명에다 맡겼다. 그녀는 이제는 문화 부인댁에도 가지 않고 어머니에게 그 이상 불평도 하지 않았다. 말없이 집안에서 자기 할 일만 하였다. 어머니는 그 후 단 한 번 무던이가 우는 것을 보았다.

"우물이 가요!"
라고 그녀는 흐느끼며 말했다.
"너 그 애를 봤니?"
"네, 오늘 강가에서 봤어요. 그 애는 나를 볼 수가 없다며 퍽 슬퍼했어요. 병이 난 것 같아요. 다시는 이리로 오지 않겠대요."
"다시 올 거야."
"아녜요. 그 애는 아주 멀리멀리 간대요."
어머니는 무던이를 그냥 두고 무던이가 땅에다 놓은 바구니 속을 들여다보았다. 그 속에는 아무것도 들어 있지 않았다. 무던이는 고기를 사 오지 않았던 것이다.
"너 윗마을에 갔다 오지 않았니?"
어머니가 물었다.
무던이는 여전히 눈물을 흘리고 있었다. 그 조그마한 입은 고통에 쪼그라들고 눈은 토끼눈처럼 빨갛게 되었다.
"강가에서 그 애를 만나고는 얼른 다시 돌아왔어요."
하고 그녀는 목멘 소리로 설명하였다.
"무던아, 이젠 울지 말아라. 내일이 네 생일인데 이렇게 우울하면 어떡하니."
모녀는 방으로 들어갔다. 무던이는 자리에 누웠다.
"이것 봐라. 너 내일 입으라고 내가 치마를 하나 새로 만들었다. 손님들도 오실 텐데 예쁘게 보여야지."
어머니는 이렇게 말하고 나서 장롱에서 치마를 꺼내왔다.
"누가 치마를 입는댔어요."
무던이는 중얼거리면서 이불 속에 얼굴을 파묻었다.

"좋아. 그럼 나도 생일이고 뭐고 다 집어치우련다."

무던이는 죽은 듯이 자리에 누워 있었다. 어머니는 창가에 앉아 멍하니 바다를 내다보았다. 먼 곳의 산들은 이젠 보이지가 않았고, 바다 위로는 저녁 안개가 떠돌았다. 그녀는 한참 동안 그렇게 앉아 있다가 잠자리에 들어갔다.

침묵 속에서 밤은 깊어만 갔다. 구소의 강물은 끊임없이 하상(河床)을 지나 바다로 흘러갔다. 갑자기 만조가 되어 기나긴 밤 동안 파도 소리가 요란하였다. 그러자 어둠 속에서 무던이의 손이 어머니에게로 왔다.

"엄마!"

"응?"

"화내지 마세요. 내일 아침 일찌감치 가서 고기 사 올게요!"

여러 해가 지나갔다. 무던이는 현저하게 모습이 변했으며 통통해지고 키도 많이 컸다. 그녀는 모든 농사일을 맡아했는데 파종에다 김매는 일에 수확하는 일까지 해냈다.

어느 해 여름, 찌는 듯한 삼복 무렵이었다. 해가 서산으로 넘어가고, 저녁을 먹고 나서 집 밖에 나 앉아 시원한 저녁 공기를 마셔야만 살 것 같았다. 남자들은 흔히 반장집에 모여 모깃불을 피워 놓고 담배를 피우면서 이야기꽃을 피웠고, 아낙네들은 집에 들어앉아 있었다.

"이제 좀 시원해졌으니 다리미질을 해야겠다."

고 수압댁은 말하고 커다란 빨래 광주리를 가지러 집 안으로 들어갔다.

무던이는 댓돌 위에 멍석을 깔고 앉아 꼼짝도 하지 않았다. 어머니는 긴 손잡이가 달린 옛날 다리미를 들고 왔다.
"자, 다리미에 부채질 좀 해라!"
어머니의 말에 무던이는 부채질을 했으나 마지못해 하는 기색이었다. 그리고는 모녀는 멍석 위에 앉아서 다리미질을 하였다. 무던이는 빨래 한 끝을 잡고, 있는 힘을 다해 잡아당기고 어머니는 이리저리 다리미질을 하였다.
"내일 비가 또 안 오면 큰일나겠는데."
하고 수압댁이 말했다.
"이런 숭악한 해는 참 견딜 수가 없다니깐!"
딸은 아무 대답도 하지 않고 조그마하고 창백한 손으로 빨래만 꽉 붙들고 있었다.
지난 해에도 흉년이 들었었다. 농부들은 겨울을 날 양식이 별로 없었을 뿐더러 이른봄에 먹을 일이 더 걱정이었다. 조금 저장해 둔 양식은 일 많은 시기에 먹어야 했기 때문에 여름까지 보관해 두어야만 했다. 여러 농부들이 겨울 동안 어디 가서 일해 보려고 여러 번 시도해 봤으나 별 성과가 없었다. 수압댁 역시 읍내의 어느 고관댁에 가서 빨래를 해보려고 한 달이나 집을 떠나 있었으나 번 것이라곤 겨우 그 동안의 그녀 자신의 생활비밖에는 안 되었다. 그러면서도 그녀는 딸에게 줄 조그마한 댕기 하나를 샀는데 이것을 사기 위해서 몇 끼를 굶어야만 했었다. 봄이 되자 그녀는 가끔 소라를 가지고 읍내에 가서 팔았다. 읍까지의 길이 어찌나 먼지 그녀는 하루 종일 걸어야만 했고 마을로 돌아오면 날이 밝아 다음날이 되곤 했는데 그것도 대개는 빈손으로 돌아왔다. 그래도 그녀는 자주 읍내를 왕래했는데 이것은 그녀 자신만이라

도 여름을 위해 저장해 둔 얼마 안 되는 양식을 축내지 않기 위해서였다. 무던이는 무척 어머니를 따라가고 싶어했지만 어머니가 데리고 가지 않았다. 십육칠 세 되는 얌전한 처녀로서 읍내를 돌아다니며 첩이나 기생처럼 대낮에 뭇사내들의 구경거리가 되게 하는 사람은 하나도 없다고 어머니는 딸에게 타일렀다.

  달이 중천에 떠올라 마을을 지나다니는 사람들을 밝게 비춰 주었다. 그러나 그늘에 앉아 있는 사람들은 좀처럼 남의 눈에 띄지 않았다.

  "저기 술집 아줌마가 와요!"

하고 무던이는 흰 자태가 집쪽으로 가까이 오자 나지막하게 말했다.

  술집 아주머니가 그들에게 와서 인사를 하였다.

  그녀는 좀처럼 오지 않는 손님이었으며 또 별로 보고 싶은 손님도 아니었다. 왜냐하면 그녀의 직업이 아주 천한 직업이었기 때문이었다. 말하자면 그녀는 술집 작부였다. 술 파는 일 자체는 별로 나쁠 것도 없겠지만 노래도 같이 부르고, 춤도 같이 추는 이런 것들은 결코 좋은 일이 아니었다.

  "집안에 별고는 없으슈?"

하고 그녀는 모녀에게 인사하였다.

  "네, 무고하다우. 이리 앉으슈!"

  수압댁은 말하고 그녀에게 자리를 권했다. 술집 아주머니는 팔에다 바구니 하나를 들고 연방 그 속을 뒤적거리고 있었다.

  "이 안에 구운 닭 한 마리가 들어 있다우."

그녀는 말하며 수압댁에게 조그만 꾸러미 하나를 내놓았다.
"내가 뭘 드린다고 언짢게 생각하지 마슈. 아무도 우리를 보지는 않으니까!"
"언짢게 생각하다니 말이나 되우. 하지만 이건 댁에서도 필요할 텐데."
"아, 이 술집 여편네가 남에게 뭘 선사하려는 것이 꽤 당돌한 일이라는 것을 내 자신도 잘 알고 있다우. 그렇지만……."
그녀는 다른 사람들과 접촉을 가지려면 항상 이렇게 사과부터 하는 것이 버릇이었다. 어느 누구도 그녀를 동등한 신분의 사람으로 대하지 않고 초대하는 사람도 없고 게다가 그녀를 가까이하려 들지 않았기 때문에 항상 이런 말투로 자기를 낮추어 말하였다. 이런 식의 말투나 또는 무슨 선물을 들고 가서 어느 믿을 만한 부인과 이야기를 나눌 수 있게 되면, 그때는 자신의 과거를 모조리 얘기함으로써 자기는 결국 이렇게밖에는 될 수 없었다는 것을 나타내 보이곤 하였다. 그녀는 아주 일찍이 부정한 행실이 있었다는 누명을 쓰고 이혼을 당했다. 이혼당한 여인은 죄악의 화신이었으며, 가문의 큰 치욕이었다. 그녀에겐 기생이 되거나 아니면 첩이 되는 길밖에 다른 방법이란 없었다. 그런데 기생이 되거나 첩질을 하려면 얼굴이라도 반반해야 했을 텐데 그녀는 얼굴마저도 못생겼으니 술을 팔아서 생계를 유지하는 수밖에는 없었던 것이다. 그녀는 율곡에서 좋은 자리를 구해 가지고 벌써 이십여 년이나 마을 입구에 있는 조그만 오막살이에서 살아왔다.

그녀의 얼굴은 아주 보기 흉했다. 지나치게 쑥 들어간 눈에서는 항상 눈물이 질금거렸고, 코는 볼품없이 뭉툭하고, 입은 컸으며 게다가 온 얼굴은 곰보딱지였다. 동리 남자들이 그래도 가끔 그녀에게 가서 술을 마시고 즐기기도 했는데, 이것은 마을에 다른 술집이 하나도 없었기 때문이다. 게다가 또 하나의 이유를 든다면, 그녀가 술안주로 내놓는 구운 닭이 손님들의 구미에 맞았기 때문인지도 모른다. 젊은 남자들이 혼인을 하게 되면 그녀에게 선심도 베풀어 농담도 같이 하고 노래를 불러달라고 간청도 하였다. 그런가 하면 그녀가 너무 친절하게 군다고 욕지거리를 하는 거친 남자들도 있었다. 이 모든 것을 그녀는 감수해야만 했는데, 그것은 그녀가 직업 때문에 사회적으로 농부들보다 훨씬 낮은 계급에 속했기 때문이었다.
 "우리 집에 오시는 손님들은 모두가 아주 점잖다우!"
하고 그녀는 손님들 칭찬을 하였다.
 "그런데 어제는 웬 난폭한 사람이 하나 왔는데 가마꾼이었어요. 그자가 글쎄 나보고 술을 부어달라고 하지 않겠소. 그래서 싫다고 했지요. 그리고 손님들에게 내가 아무리 요모양 요꼴이 됐지만 가마꾼에겐 술을 부어 줄 수 없다고 말했더니, 모두들 내 말이 옳다고 합디다."
 달은 점점 중천으로 떠올라서 은실 같은 달빛이 세 사람을 비춰 주었다. 어머니는 빨래 광주리를 들고 집 안으로 들어갔고, 술집 아주머니가 들고 온 꾸러미는 그냥 멍석 위에 놓여 있었다.
 "닭은 제발 다시 가지고 가서 손님들한테나 대접하슈!"

하고 수압댁은 방에서 나와 말하고는 꾸러미를 술집 아주머니 손에 쥐어 주었다.
"우리 집에도 많이 있다우."
많다든지 적다든지 하는 것은 각자 자기 나름대로의 평가 기준이다. 무던이는 오늘 저녁 한줌의 수수밥에 오이지 두 개밖엔 먹지 못했다. 그녀는 꼼짝도 하지 않고 조용히 앉아 있었다. 움직일 적마다 힘이 들었다.
그저 가만히 앉아 있다가는 잠이 들어 밝을 때까지 잠을 자고, 그러고 나면 또다시 그와 같은 훌륭한 식사를 하게 되고. 아, 그런데 이 닭이야말로 더할 수 없는 성찬이 아닌가!
"아, 그렇게 생각하지 말아요, 수압댁!"
술집 아주머니는 이렇게 말하고 꾸러미를 무던이 있는 쪽으로 밀어 놓았다.
"만일 댁에서 그걸 다시 돌려 주면 내가 순결하지 못한 여인이기 때문에 내 것은 모두 더럽다는 생각을 자꾸만 하게 된다우. 나는 아무에게도 뭘 선사도 못 하고 또 다른 사람들 앞에 나타나지도 못한단 말이지요! 그러면 불 같은 분노가 전신을 엄습해 오고 괴롭기 한이 없어요. 그래서 얼마나 많이 울었는지 모른다우."
"인제 그만해 두세요!"
하고 무던이가 별안간 말했다.
"제가 그 닭을 먹겠어요, 어머니! 배가 지독히 고파요! 누가 그 닭을 가져왔건 저는 아랑곳없어요!"
"물론 그렇구말구요."
하고 술집 아주머니는 감동해서 소리를 질렀다.

"잠깐 계슈. 내가 차려다 드리리다. 내가 부엌에 들어가서 국수를 좀 만들고 고기를 썰어도 되지요?"
그녀는 쏜살같이 꾸러미를 들고 집 안으로 사라졌다.
"어머니, 어머니, 저는 이렇게 기운이 없어요. 제발 나쁘게 생각지 마세요. 몸이 쇠약해져서 그런지 전신이 떨려요!"
수압댁은 아무 말도 안 하고 머리만 끄덕이곤 역시 안으로 들어갔다.
"처녀가 이젠 퍽 컸구료. 커가면서 점점 아버지를 닮아가는군."
하고 술집 아주머니는 그들이 국그릇을 대하고 앉자 또 한마디 하였다.
"처녀의 아버지는 참으로 너그럽고 인정 있는 분이었다우. 그분은 내가 그분과 동등한 신분의 사람이 아니라는 걸 한 번도 내색을 하지 않았다우."
"그런 얘기 자꾸 하지 마슈. 모든 것이 운명이라우. 댁에선들 그렇게 되고 싶어 됐겠소. 뭐니뭐니해도 제일 중요한 것은 사람이 착해야 한다는 사실이라우."
"아무렴요. 나도 그렇게 생각해요."
술집 아주머니는 잠깐 동안 잠자코 있더니 드디어 용건을 끄집어내었다.
"내가 이런 얘기 한다고 노여워하지 마슈. 실은 내가 처녀의 중신을 서 보려고 하는데……."
이것은 좀 지나친 일이었다. 다만 흠없고 단정한 여자만이 중매인이 될 수 있다. 그런데 이번 일이 성사만 된다면 그녀는 사람들이 자기에게 얼마나 정의를 표하고 있는가를 도처에 큰소리치고 다닐 수도 있을 것이며 자기가 흔히 볼 수 있는 그런 작부가 아니라 그저 어쩔 수 없어서 작부 노릇을 한다는 것을 증명해 보일 수도 있을 것이다. 그렇게 되면 그녀에게 세상은 열려지는 것이 아니겠는가!
"전혀 노여워하지 않소. 어서 말해 보슈."
하고 수압댁은 진정 놀란 얼굴로 말했다.
"나는 혼자서 이렇게 생각했다우."
하고 술집 아주머니는 기뻐서 소리질렀다.
"수압댁의 집안을 나는 아주 훌륭한 집안이라고 생각했수. 분명 복받을 집안이라고 말이오!"
"누가 댁에 들렀습디까?"
어머니가 물었다.
무던이의 눈이 점점 동그래졌다.
"그래요. 내 곧 모든 것을 실토하리다. 어제 윗마을의 신씨 부인이 우리 집에 들렀었다우. 댁에서도 분명 그 댁을 알고 또 잘생긴 그 댁 아들을 아실 거요."
"그럼요. 그 댁도 알고 그 댁 아들도 잘 안다우."
"정확히 무던이가 지난 봄에 뽕잎을 따러 윗마을 갔었을 때 말이……"
"그 앤 아주 자주 윗마을에 갔었다우. 지난 해에도 갔었는걸."
"그때 말이우. 그 신씨댁에서 무던이를 여러 번 봤나 봅디다. 그 댁 식구 모두가, 즉 아버지, 어머니, 아들이 무던이를 봤대요. 그래 그 부모가 아들더러 무던이가 마음에 드느냐고 물었더니 좋다고 했다지 않우."

"아, 무던아!"
어머니는 아주 흥분해서 음성이 높아졌다.
그러나 무던이는 한 마디 대꾸도 하지 않고 번개같이 일어서서 집 안으로 들어갔다.
수압댁이 이렇게 흥분하는 데는 이유가 있었다. 그 신씨댁은 윗마을에서 제일 부자였으며 부모들은 아주 점잖은 사람들로 그 아버지는 이관(吏官)까지 지낸 일이 있었다. 그리고 그 외아들은 참으로 착한 젊은이가 아닌가! 아니 누가 이런 일이 있으리라고 상상이나 했단 말인가! 무던이가 이들 점잖은 분들의 눈에 꼭 들 줄이야!
"이제 가보슈. 내가 내일이나 모레 댁에 들르리다. 아니, 그러지 말고 댁에서 내일 우리 집에 한번 더 오슈! 난 지금 무던이와 얘기를 해봐야겠소. 자, 어서 가보슈!"
하고 수압댁은 성급히 말했다.
"네, 그럼 가겠수. 여기 참 그 댁 아들의 사주가 있으니 궁합이 잘 맞겠는가 알아보슈."

"무던아 애, 이리 좀 오너라!"
어머니는 집에 들어와서 딸을 불렀다.
"네, 곧 갈게요!"
가냘프고 겁먹은 목소리가 들려왔다. 그러나 무던이는 어머니에게로 가지 않고 달빛이 비치지 않는 부엌 한구석에 가만히 서 있었다.
"애야, 이리 오너라!"
어머니는 다정하게 딸의 손을 잡아당겼다. 무던이는 방으로 끌려 들어갔다.
"불 켜지 마세요!"
무던이가 중얼거렸다.
모녀는 창가에 나란히 앉았다.
"애야, 네 생각은 어떠냐? 나는 도무지 어떻게 된 영문인지 모르겠다. 무던아, 이게 그럼직한 얘기냐? 너도 그 댁이 어떤 댁인가 하는 것은 알지? 아이구 답답도 해라. 무던아, 말 좀 해봐라!"
딸은 잠자코 있었다.
"그 댁 마나님은 아주 좋은 분이란다. 그리고 그 아들도 마나님 못지않게 착하다. 애야, 시부모님 될 분들 생각을 해 봐라. 그리고 일봉이도 아주 예의 바르고 참한 신랑감이야. 얘, 무던아. 넌 이젠 일도 하지 않을 게고 굶주리지도 않을 게고 떨지도 않게 됐어!"
어머니는 기쁜 나머지 눈물을 흘렸다.
"인제 불 좀 켜서 너를 좀 봐야겠다."
한참 만에 어머니가 말했다.
조그마한 등잔에 불이 켜지자 장식 하나 없는 방 안이 점점 환해졌다.
"머리칼에 윤기가 하나도 없구나. 너 머릿기름 좀 발라야겠다. 내일은 뭘 좀 맛난 것을 끓여줄게. 아주 앙상한 게……가엾어라. 그저 에미를 잘못 만나서 이 고생이구나!"
"어머니, 무슨 그런 말씀을 하세요!"
하고 무던이는 소리치고 나서 어머니 무릎 위에 주저앉았다.
"어머니도 노상 굶었지 않아요. 아, 불쌍한 어머니!"

"애야!"
"어머니!"
"응?"
"왠지 자꾸 불안해요. 아주 불안해 죽겠어요!"
"아무 소리 말아라. 나도 네 아버지하고 결혼할 때 그렇게 불안하더라만 나중에는 행복하기만 하더라. 일봉이는 아주 착한 사람이야. 너는 틀림없이 네 자신도 모를 만큼 그렇게 행복하게 될 거야……너 그 사람 요 근래 언제 본 일 있니?"
"모르겠어요. 도대체 그를 봤는지 안 봤는지조차도 모르겠어요."
"물론 너도 그 사람을 알아. 그 왜 큼직하고 시커먼 눈에 귀도 잘생긴 사람 있잖아."
"어머니, 그 사람 여기 왔었어요!"
"뭐라고, 언제 왔었니?"
"아, 그게 바로 그 사람이었구나! 언젠가 제가 집 앞에 앉아서 콩을 까고 있었어요. 그때 그 사람이 왔는데 처음에는 그냥 지나쳐 가려고 하다가 이내 저한테로 오더니, 돌다리 아저씨댁이 어디냐고 묻지 않겠어요. 어찌나 갑자기 나타났던지 집 안으로 들어갈 여가도 없었어요!"
"괜찮아. 누구든지 반하면 그런단다. 그때 그 사람 네 마음에 들더냐?"
"몰라요."
하고 무던이는 얼굴을 붉혔다.
"진정한 사랑은 결혼 후에야 오는 법이란다. 결혼할 때까지 신랑의 얼굴 한 번 못 보고 결혼하는 처녀들이 무수히 많지만 그래도 모두들 나중에는 사랑을 느낀단다."
 무던이는 자리에 누웠다.
 "어머니, 그 밖에도 또 누군가 왔다 갔어요."
하고 그녀는 생각에 잠겨 말하였다.
 "제 생각에 그저께 여기 왔다 간 그 점쟁이는 진짜 점쟁이가 아닌 것 같아요. 그 여자는 연방 저를 유심히 바라보며 저하고 얘기도 많이 했어요. 그리고 또 저보고 약혼을 했느냐고 물어 보던 그 비단 장수도 분명 그쪽 집에서 보낸 사람일 거예요."
 "그럴지도 모르지."
 어머니는 웃으며 무던이가 누워 있는 자리로 가서 딸을 쓰다듬었다.
 "아마 잔치는 내년쯤에 하게 될 거야. 그러면 넌 열일곱 살이 되니깐 시집가기엔 제일 좋은 나이가 되는구나. 그 사람은 지금 스무 살이지. 가만 있자, 그러니깐 그는 큰 숲 속의 나무〔木〕고 너는 길가에 있는 불〔火〕이라…… 어떻다고 볼 수 있을까? 그래, 아주 좋을 거야. 그 사람이 네 속에서 타게 되니깐 분명 좋고말고. 만약 그 사람이 물〔水〕이라면 그건 아마 나쁠 거야."
하고 어머니는 열심히 궁합을 맞춰 보았다.
 무던이는 어머니에게 두 팔을 올려놓고, 어머니는 딸을 품 속으로 끌어당겼다.
 "얘야, 시집가서 신랑이 있으면 참 좋은 거란다."
 밖에서는 파도 소리가 요란했다. 무던이는 가슴이 두근거렸다.

"정말 그래요?"
그녀가 나직이 물었다.
"그렇고말고! 술집 아주머니가 와서 물어 보면 아무 소리 말고 그저 네, 하고 대답해라."
"어머니가 말하세요!"

그 후에도 술집 아주머니는 몇 차례나 이 양가를 왕래해야만 했다. 왜냐하면 혼인날을 받는 것이 간단하지 않았기 때문이었다. 이름난 점쟁이인 아랫마을 훈장은 수압댁에게 두 사람의 궁합은 썩 잘 맞지만 혼인은 결코 금년에 해서는 안 된다고 말하였다. '명년 삼월 열이렛날이 길일' 이라고 그는 말했다. 그런가 하면 신씨댁에서는 혼인을 무척 서둘렀다. 특히 신씨 부인은 금년 가을 내로 잔치를 하자고 서둘렀다. 수압댁은 또다시 훈장에게 가서 '금년에는 정말로 안 되겠는지 다시 한 번 봐달라' 고 졸라댔다. 훈장은 한참이나 책을 들여다보고 연구를 하더니 이렇게 말했다.
"금년에는 도저히 안 됩니다. 빨라야 명년 정월 열여드렛날입니다!"
신씨 부인은 이날에 동의하였다.
사주와 함께 봉채함(封采函)은 이해 여름에 보내왔는데, 그것은 수압댁이 제때에 혼수를 모두 완료할 수 있게 하기 위해서였다.
어느 날 저녁 느지막해서 커다란 검정 봉채함이 집 안으로 운반되었다. 무던이는 지고 온 남자의 잔등에서 함을 받아 내려야만 했다. 봉채함은 언제나 신랑 집의 가까운 친구나 또는 스스로 행복한 결혼 생활을 하는 단정한 남자에 의해서만 신부 집으로 운반되어야 했다.

"이 비단 좀 봐. 얼마나 부드럽고 고운가. 이걸 어떻게 바느질하지?"

하고 수압댁은 말했다.

무던이는 잠자코 함에 들어 있는 것을 모조리 꺼냈다.

"가락지들이 맞는가 한번 끼어 보렴!"

무던이는 들리지 않는 듯 연방 새 물건들만 방바닥에 내놓았다. 별의별 패물들이 연달아 나왔다. 그리고는 어려운 내용의 편지가 들어 있는 빳빳하고 큼직한 봉투 하나가 나왔다.

"이것이 혼서(婚書)라는 것인데, 한문으로 씌어 있으니 우리는 읽을 수가 없어. 여기엔 신랑이 너를 아내로 삼겠다는 것과 또 검은 머리 파뿌리 될 때까지 변심하지 않겠다는 것이 씌어 있단다."

그 다음에는 구멍 뚫린 동전 한 꾸러미가 나왔는데, 무던이는 놀란 듯이 이것을 유심히 들여다보았다.

"이것은 그저 형식을 갖추는 것이야."

하고 어머니가 설명하였다.

"진짜 돈은 이 밑에, 이 수건 속에 있단다. 자 이젠 모두 다시 집어넣어라. 난 손님들한테 가봐야겠다."

사랑방에는 많은 사람들이 모여 있어 그들을 대접해야만 했다. 그들은 모두 수압댁을 도와서 집을 정리하고 도배도 같이 하고 청소도 같이 하였다. 그 밖에 농부도 한 사람 초대되었는데 바로 이 사람한테서 얼룩얼룩한 비단으로 된 기다란 두 개의 등(燈)을 빌어서 대문을 장식하였다. 이것은 행운을 가져오는 사람(함꾼)에게 장차 신부가 될 사람한테로 가는 길을 가르쳐 준다는 의미로 매다는 등이었다. 이 모든 손님들은 함꾼과 그의 일행이 떠나갈 때까지 쥐죽은 듯이 사랑방에 앉아 있었다.
 "참 잘됐어요."
하고 남자들이 어머니에게 축하를 했다. 그것은 다시 말해서 무던이가 모든 것을 잘했다는 것을 의미하는 것이었다. 무던이는 오늘 생전 처음 비단옷을 입어 보았다. 그녀가 대문가에 나타나자 울긋불긋한 등불에 반사되어 그 흰 모습이 어찌나 매력적이고 고상하게 보였는지 몰랐다.
 반년이 후딱 지나갔다. 정월달이 되자 이 조그마한 집은 활기에 넘쳤다. 수압댁은 매일 밤중까지 바느질을 하고 음식을 만들고 전을 지지고 떡을 하고 집안을 닦아냈다. 마을 아낙네들은 수없이 들락날락하며 여러 가지 조언을 주기도 했다. 젊은 아낙네들은 가끔 신부 곁에 모여서 장차 자기네들처럼 시집살이하게 될 신부에게 교훈이 되는 얘기를 해주었다. 저마다 다른 경험들과 새로운 교훈을 전해 주었다. 무던이는 이 아낙네들이 멋들어진 말투로 하는 얘기를 다 알아듣지 못했지만 아무 말도 하지 않고 또 묻지도 않았다. 시어머니, 시아버지가 주로 화제에 오르내렸다. 그러나 모든 화제의 중점은 역시 신랑에 대한 얘기였다. 여기에는 여러 가지 다른 의견들이 많았다. 즉 어느 신랑은 조용하고 명랑한 경치를 더 좋아하는가 하면 또 다른 신랑은 폭풍이 몰아치는 밤을 더 좋아했다. 그리고 또 어떤 신랑은 풀어져서 흐르는 듯한 머리를 더 좋아하는가 하면 또 다른 신랑은 가리마를 잘 타서 반반히 빗어 넘긴 머리를 더 좋아했다. 다만 한 가지 점에서만 의견들이 같았는데, 그것은 모든 젊은 남편들이 하나같이 어리석고 미숙하고 자기 생각만 하며 어린애들처럼 칭찬이나 해야 좋아한다는 것이었다. 어쨌든 간에 남편을 너무 호강시키지 않는 것이 좋을 거라고 했다.

"그저 금방 네, 하지 말고 열 번을 거절하다가 한 번쯤 응해 주란 말이야!"

그러나 이러한 여러 가지 비법들이 무던이에게는 별로 소용이 없었다. 왜냐하면 이리로 오는 아낙네들은 모두 가난한 농부의 아내들이기 때문이었다. 농부들은 살아가는 것이 아주 단순하며 며느리가 마음씨만 착하면 그것으로 만족한다. 명심해야 할 것이라곤 고작해야 좀 세심하면서도 공손하며 근면하고 검소한 것뿐이었다. 그러나 부자들은, 양반들은 어떨까?

"어머니, 양반들은 어떻게 사는지 아세요?"

어느 날 저녁 무던이가 물었다.

"그건 네 스스로가 보게 될걸 뭐. 그저 공손하고 무슨 일이든지 먼저 물어보고 하면 돼."

"그렇지만 제가 무슨 음식을 해야 하는데 혹시 할 줄 모르면 어떻게 해요?"

"할 수 있을 테니 염려 말아라. 그런 것들은 중요한 게 아니야. 중요한 것은 뭐니뭐니해도 마음씨가 착해야 하는 거야."

"그건 우리들에게서나 그렇죠."

"아니야. 그들도 우리와 똑같은 사람이야. 다만 그들은 느끼는 것을 나타내지 않을 뿐이지. 항상 예의 바르게 행동하고 절대로 너를 위주로 생각해선 안 된다. 우선 시어머니 생각부터 하고, 다음에 시아버지, 그러고 나서 남편 생각을 해라! 여러 사람들이 모여 있을 때는 마치 잘 보이려고 하는 것처럼 여기저기 두리번거려서는 안 돼. 그리고 절대로 네가 다른 사람들보다 낫다고 생각해서도 안 된다. 다른 사람들이 모두 너보다 낫다는 것을 잊어서는 안 돼!"

드디어 어머니 곁에서의 마지막 밤이 돌아왔다.

수압댁은 아직도 부엌에서 할 일이 많았다. 신부는 혼자 방 안에 앉아 있었다. 내일이 잔칫날이다! 무던이는 혼인식이 어떻게 진행되는가 하는 것을 가끔 듣기도 하고 또 보기도 했다. 별로 어려울 것이 없을 것 같았다. 즉 신랑이 먼저 신부에게 절을 하고 또 신부가 신랑에게 절을 하고 그러고 나선 신랑 신부가 함께 하늘에 절을 한다. 다음에는 신랑 신부가 같은 잔의 술을 마시는데, 이것은 그저 술잔에 슬쩍 스치는 것이지 정말로 마시는 것이 아니다. 그러고 나면 신랑은 아버지나 후행(後行), 즉 이번에는 돌다리 아저씨에게 이끌려 사랑방으로 들어가 대접을 받으며, 한편 신부는 여러 명의 아낙네들과 친척들, 친구들과 함께 상(床)을 받아야만 한다. 그리고 신랑 신부는 첫날밤을 신부 집에서 보낸다. 그러니까 그녀는 내일 저녁 신랑을 여기서 맞게 되는 것이 아닌가! 무슨 얘기를 하는 것일까? 신랑이 신부가 옷 벗는 것을 도와 주고 등잔불을 세 번 불어서 끈다는데 그게 정말일까?

그리고 그 밤이 지나가면 무던이는 신랑과 함께 시댁으로 가게 되고, 그러면 그녀는 부잣집 며느리가 되는 것이다. 그런데 어머니는? 어머니는 이 방에서 혼자서 주무시겠지. 혼자서 외롭게! 그리고 절약하기 위해 불도 때지 않으실 거야. 여기 이렇게 혼자 앉아서 식사도 혼자 하시겠지! 그 누가 생선을 사 오며, 그 누가 마당의 눈을 쓴단 말인가!

그녀는 창 밖을 내다보았다. 눈이 또다시 내리고 있었다. 그녀는 이번에는 방 안을 둘러보았다. 이부자리며 장롱이며 창문들이 보였다. 아, 이것이 정말 마지막 밤이구나!

다음날에도 여전히 눈이 내렸다. 일봉은 사모관대를 하고 일행과 함께 나타났다.

무던이는 예쁘게 치장을 하고 두 수모(手母)에게 이끌려 뜰로 나가 초례청(醮禮廳)으로 들어갔다. 거기에는 벌써 신랑이 기다리고 있었으며, 혼례는 금방 끝나버렸다.

어느 새 저녁때가 되어 많은 손님들은 집으로 돌아갔다. 수압댁은 한참 동안 신부 방의 딸 옆에 앉아 있었다.

"어머닌 오늘 밤 어디서 주무세요?"

무던이가 물었다.

"나야 사랑방에서 자지."

"그 밖에 누가 또 집에 있어요?"

"아무도 없다."

"그이는 지금 어디 있어요?"

"사랑방에 있어. 애야, 이제 나는 나가야겠다. 신랑이 곧 올 게다."

"아니, 잠깐만 더 여기 계세요!"

무던이 55

그녀는 어머니의 치마를 붙잡았다.
"너 몹시 피곤하냐?"
어머니가 물었다.
"아녜요!"
"그럼 불안하냐?"
"아녜요!"
"여기에 과일도 있고 꿀물도 있으니 혹시 신랑이 배고파 하거나 갈증이 난다고 하면 주거라!"
어머니는 일어섰다.
"여기 계세요. 어머니, 제발 여기 계세요!"
어머니는 자리를 깔아 놓고 딸을 껴안았다가 슬며시 떼어 놓고는 방을 나갔다.
잠시 후 밖에서 어머니가 신랑과 얘기하는 소리가 들리더니 어머니는 방문을 열고 신랑을 들여보냈다.
무던이는 일어서서 문 옆 벽에 기대 서 있었다.
이 사람이 바로 큼직하고 시커먼 눈에 귀도 잘생긴 그 사람이었다. 그는 그녀보다 키도 훨씬 컸다. 이마가 훤하고 입은 자그마하며 코는 밑으로 조금 벌어져 있었다. 그의 거무스레한 얼굴은 의지적이고 영리하면서도 강한 인상을 주었다. 그는 방 한가운데 서서 신부를 건너다보더니 얼굴을 붉혔다. 그녀는 얼른 방바닥을 내려다보며, 족두리를 벗어 손에 들고는 꼼짝도 하지 않고 그 자리에 서 있었다.
그가 약간 망설이면서 그녀에게로 다가와 손에 들고 있는 족두리를 받으려 하자 그녀는 힘없이 떨어뜨렸다. 그는 족두리를 문갑(文匣) 위에 놓고 그 옆에 앉았다. 그녀는 머리를 풀어 땋기 시작했다. 일봉은 마치 머리를 같이 땋기나 하려는 듯 양손을 가볍게 이리저리 움직였다. 그의 시선은 그녀의 하얀 모습에, 그녀의 얼굴에, 손에, 주름잡힌 치마에 그리고 조그마한 발에 번갈아가며 멈춰 있었다.

그렇다, 이 여자야말로 그가 뒤를 밟던 여자였다. 그 당시 그는 그녀를 아마 세 번짼가 네 번째로 보았을 것이다. 그때 그는 무척 흥분해서 그녀의 눈에 띄지 않게 조심해가며 그녀의 뒤를 밟았다. 그런데 오늘, 신부의 예복을 입고 초례청에 나타난 그녀는 전과는 아주 다르게 보였다. 낭자 머리의 그녀는 너무나 고상하고 너무나 엄숙해 보였다. 그녀의 얼굴은 커다랗고 우아한 연꽃봉오리……라기보다는 차라리 일찍이 핀 해바라기와 같았다. 그러나 지금의 그녀는 다시 온후한 얼굴의 옛날 무던이였다. 나무랄 데 없는 동그스름한 모습이며 부드러운 귓불이며 온화하면서도 생기 있는 눈초리는 옛날과 꼭 같았다. 지금 그녀는 순수한 비단옷 차림으로 그의 앞에 서서 땋아내린 머리를 만지작거리고 있었다. 그는 그녀에게로 다가가 머리에 대고 있는 오른손을 붙잡았다. 그러나 그녀는 금방 그에게서 손을 빼냈다. 그러자 그가 당황해했다. 그녀의 시선은 불안해 보였으나, 그의 크고 검은 눈길을 피하지는 않았다. 그러다가 그녀는 부끄러운 듯 주저하면서 팔을 내밀어 그의 손 위에 자기 손을 올려놓았다. 그는 그녀의 조그마한 손을 다정하게 꼭 쥐었다.

"앉으세요!"

하고 그녀는 거의 들릴락말락한 목소리로 속삭였다.

그는 촛대 옆에 앉아 두 손으로 얼굴을 받치고 눈을 감고 있었다. 무던이는 과일 쟁반 있는 데로 가 과일 몇 개를 깎아서 그의 앞에 내놓았다. 그러고는 창가로 가 창 구멍을 통해 마당을 내다보았다. 눈은 벌써 그쳐 있었다. 그녀는 양손을 창에 놓았다가 다시 얼굴로 가져갔다. 그러자 그는 다시 그녀에게로 왔다.

"당신은 나를 본 적이 없소?"

"없어요!"

"그렇지만 나는 당신을 자주 보았소. 당신이 나를 봐주기를 바라면서 가끔 당신 뒤를 따르기도 했다오. 하지만 당신은 아주 드물게 우리 윗마을에 왔기 때문에 나는 노상 쓸데없이 뽕나무 있는 데로 가곤 했다오."

"우리는 누에가 조금밖에 없었는 걸요."

하고 그녀는 두 손에 얼굴을 파묻고 조용히 말했다.

그는 잠자코 한동안 서서 불빛을 바라보고 있었다. 그러다가 그는 부드럽게 그녀의 이마, 머리카락, 양손을 쓰다듬고는,

"잘 자요!"

라고 말했다.

그는 불을 끄고 자리에 누웠다.

그녀는 꼼짝 않고 창문 앞에 앉아 있었다. 생각을 했을까, 아니면 잠을 잤을까?

그의 숨소리가 높아지고 그의 얼굴이 방구석 어둠에 가려져 보이지가 않았다.

그의 숨소리가 다시 조용해지자, 그녀는 몸을 일으켰다가 곧 다시 앉았다. 그가 몸을 움직였다.

무던이 59

"창가에 앉아 있는게 춥지 않소?"
그의 목소리가 어둠 속에서 들려왔다. 그녀는 깜짝 놀라 움찔했으나 아무 말도 하지 않고 가만히 앉아 있었다.
"어서 잠자리에 들어가요. 그렇지 않으면 감기에 들어요!"
그녀는 아무런 대답도 하지 않고 창문에서 약간 뒤로 물러나 문에 기대 앉았다.
눈빛이 점차 방 전체를 밝혀 주었다. 닭이 세 홰나 울 때까지 그녀는 그렇게 앉아 있었다. 그러고는 가만히 몸을 일으켜 문을 열고 어두운 마루로 나가 사랑방까지 더듬어 갔다. 안에서 어머니의 목소리가 들려왔다.
"아직 밝지도 않았는데!"
"조금만 어머니 옆에서 자고 싶어요!"
어머니는 불을 켜고 딸을 껴안았다. 자기 자리에 뉘고 볼을 맞췄다.
무던이는 눈을 감고 보일 듯 말 듯한 미소를 띤 채 잠이 들었다.
다음날 아침, 태양은 눈 위에 비쳐 반짝거렸다.
정오경에는 벌써 신부를 태울 가마가 호피(虎皮)에 덮여서 대문 앞에 준비되어 있었다. 수압댁은 신부를 이끌어 가마에 태웠고, 사위는 장모에게 작별을 고했다.
"장모님, 제 처를 위해 베풀어 주신 모든 것에 대해 진심으로 감사합니다. 한평생 처의 행복을 위해 노력하겠습니다."
그는 엄숙하게 말했다.
"자네를 만나기 전까지는 그애는 그저 아무 배운 것 없는 농부의 딸에 지나지 않았네. 자네네 훌륭한 예의범절을 잘 모르더라도 관대히 봐 주게나!"

수압댁은 그의 손을 잡으면서 말했다.

가마가 들려지자 어머니는 다시 한 번 딸을 들여다보았다. 무던이는 손수건으로 얼굴을 싸고 울었다.

가마가 집모퉁이를 돌아가자 무던이는 창문으로 머리를 내밀고 소리쳤다.

"어머니, 부디 안녕히 계세요!"

강물은 꽁꽁 얼어 있었다. 가마꾼들은 강 굽이를 따라 지름길로 가기 위해 여러 번 얼음 위를 지나갔다. 이 길이야말로 무던이가 초라한 무명옷 차림으로 큰 바구니를 옆에 끼고 뽕잎을 따러 수도 없이 다니던 그 길이었다. 그러나 지금 그녀는 네 명의 남자가 드는 가마에 태워져 같은 길을 가고 있었다.

신부를 마중하러 나온 시댁의 하녀가 앞장을 섰고 가마 옆에는 신랑이 가고 뒤에는 어제 신랑을 데리고 왔던 일행이 따랐다.

몇 번이나 경사진 길을 올라가 뽕나무들이 서 있는 곳을 지나갔다. 이제부터 윗마을이 시작되었다. 집집마다 아낙네들이 문앞에 서서 행렬을 바라보고 있었다. 드디어 가마는 시댁의 커다란 뜰에 내려졌다. 입구의 층계로부터 시어머니가 마중나와 신부의 손을 잡고 묵묵히 집 안으로 들어가 사당(祠堂) 앞으로 신부를 이끌었다. 신랑 신부는 사당에 여러 번 절을 하였다.

"드디어 우리 집 사람이 됐구나!"

하고 시어머니는 며느리에게 다정히 말했다. 무던이는 절을 하였다.
"이분이 너의 아버님이시다!"
무던이는 또 한 번 절을 하였다. 그러고는 그녀는 신부 방으로 안내되어 옷을 갈아입었다. 그녀는 무거운 예복을 벗고 가벼운 비단옷을 입었다. 그리고 나서 친척 친지들의 상면식이 시작되었는데, 마지막에는 가신(家臣) 일동과도 상면하였다. 그녀 자신은 별로 하는 일 없이 상석에 앉아 있었고, 그 주위에 연방 아낙네들이 떼를 지어 모여들어 경탄과 찬사를 보내곤 하였다.
드디어 손님들은 가고 네 사람만이 석양 무렵 커다란 안방에 모여 앉았다. 유난히 얼굴이 큰 시어머니는 아주 쾌활하게 말을 많이 하였다. 그녀는 연방 자랑스럽게 무던이를 '새아기'라 부르며 며느리의 안부를 묻곤 하였다. 시아버지도 며느리에게 여러 가지로 친절하고 곰살맞게 굴었다. 그는 이미 반백이 된 구불구불한 얼굴의 수염을 제외하고는 모든 것이 조그맣고 섬세하게 생긴, 아주 가냘픈 분이었다. 그는 아주 점잖게 말을 했고 여러 가지 낯선 단어들을 사용하였다.
"조금 후에 새아기를 제 방으로 보내 이틀간의 피로를 풀게 하라."
고 그는 위엄 있게 말하였다. 그는 무던이를 바라볼 때마다 가벼운 미소를 지었다. 며느리가 마음에 든 확실한 증거였다. 저녁 식사 후 그는 며느리 앞에 서서 낮고 감격 어린 목소리로 이렇게 말하였다.
"우리가 네게 줄 수 있는 것은 그리 많지가 않다. 하나 나는 네가 우리와 함께 행복하게 살게 되기를 바랄 뿐이다. 잘 자거라!"

무던이는 잠자코 있었다.

"그러나 제일 중요한 건……."

말하기 좋아하는 시어머니가 말했다.

"우리가 굶지 않고 떨지 않는 것이란다. 암, 너는 굶고 떨 필요가 없구 말구! 자, 이제 가서 쉬거라."

무던이는 또 잠자코 있었다. 그녀는 이런 모든 말에 뭐라고 대답해야 좋을지 알지 못했다. 그 밖에도 말을 많이 해서는 안 된다고 어머니가 말씀하지 않았던가. '그저 묻는 말에나 대답하라'고.

그녀는 자기 방에 와 누워서 이불로 얼굴을 덮었다. 남편이 들어왔다.

"오늘 나 여기서 자야만 하오!"

그는 아내에게로 오는 것이 마치 금지된 일인 양 얼굴을 붉히며 말했다. 무던이는 그를 바라보고 눈물을 닦았다.

"당신 몹시 슬프오?"

하고 그는 당황하여 물었다.

그녀가 고개를 흔들고 팔을 내밀자 그는 그 팔을 쓰다듬었다. 둘은 아무 말 없이 함께 앉아 있었다. 한참 후 그가 물었다.

"당신, 어머니 생각을 하오?"

그녀는 고개를 끄덕였다.

방은 비록 작았지만 커다란 장롱, 비단 금침, 방석 등으로 잘 장식돼 있었으며 여러 폭의 병풍이 방 한 귀퉁이를 둘러

싸고 있었다.
"저는 언제쯤 어머니에게 갈 수 있을까요?"
하고 그녀가 물었다.
"열흘 후에!"
"그렇게 늦게요?"
"어쩌면 더 일찍 가게 될지도 모르지. 하지만 내가 며칠 후에 장모님에게 가서 당신이 어떻게 지내나 하는 것을 얘기하겠소."
"저에 대해서 뭐라고 말씀하시겠어요?"
"당신이 아주 얌전하고, 또 우리 부모님이 당신을 아주 마음에 들어한다고. 그러나 당신이 어머니만 보고 싶어하고 남편은 하나도 좋아하지 않는다고."
무던이는 급히 자기 손을 남편 손에서 빼내고는
"그건 사실이 아녜요. 나는 어머니가 보고 싶지 않아요. 그리고 나는 당신을 좋아해요!"
하고 말했다.
그는 장롱 밑에서 신 한 켤레를 꺼내 가지고 왔다.
"당신 이 신 한 번 신어 보겠소?"
그녀는 오른발을 신 속에 넣었다.
"맞아요! 어떻게 제 발 크기를 아셨어요?"
"술집 아주머니가 당신의 신 한 켤레와 옷 한 벌을 가져왔다오."
"그것들이 어디에 있어요?"
"잘 모르겠는데. 아마 장롱 속에 있을 거요!"
그녀는 장롱으로 가서 문을 열었다. 세 부분으로 갈라져 있는 한 칸에는 그녀의 옷들이, 서랍 속에는 패물과 주발 대접들이 들어 있었다. 그리고 또 다른 칸에는 여러 개의 선반과 서랍들이 달려 있고 문은 아래로 열게 되어 있었는데, 거기에는 남편의 옷들이 들어 있었다. 그녀는 여기서 조그마한 꾸러미 두 개를 발견하고 그것을 열어 보았다. 꾸러미 한 개에는 전답 문서가 들어 있었고, 다른 꾸러미 속에는 그녀가 찾던 물건들이 들어 있었다. 즉 성긴 무명으로 지은 여자 치마저고리 한 벌과 짚신 한 켤레가 들어 있었다. 그녀는 급히 그것들을 다시 싸서 한 구석으로 던지며,
"이것들을 장롱 속에서 빼버려야겠어요!"
라고 말했다. 남편을 바라보는 그녀의 얼굴은 몹시 창백하고 붉어 보였다.
"이것들은 당신이 아끼던 물건들이 아니오. 이것을 버려서는 안 되오!"
일봉은 말하고 장롱 문을 닫았다.
"저는 아무것도 가져온 것이 없어요!"
그녀가 중얼거렸다.
"그러나 지금은 모든 것이 당신 것이오. 우리 집에 있는 모든 것이 당신 거란 말이오. 아니, 보다 많은 것들이 당신 것이 되어야만 하오. 은으로 된 연못, 금으로 된 기둥들도 당신을 위해서는 오히려 부족할 것이오."
그는 그녀를 안아다 자기 무릎 위에 올려놓았다. 무던이의 얼굴은 불같이 새빨개졌다. 그녀는 몸을 빼내려고 애를 썼고, 그는 그럴수록 그녀를 점점 더 꼭 껴안았다.
"이러면 못써요!"

하고 그녀가 말하자, 그제야 그녀를 놓아 주었다.
"저 오늘 바보처럼 보이지 않았어요?"
한참 후 그녀가 물었다.
"아니! 모든 사람들이 당신을 칭찬하고 나에게 금실좋게 살 것을 바랐다오."
"금실이 무어예요?"
그녀는 깜짝 놀라서 물었다.
"금실이란 두 개의 악기를 말하는데, 그 중 하나는 남자가 연주하고 다른 하나는 여자가 연주하는 거라오. 만약 부부가 서로 정이 좋으면 그 두 악기는 아주 잘 조화되는 법이오."
일봉이 설명했다.
"그러나 저는 연주할 줄 모르는데요."
그녀는 불안한 듯이 말했다.
그는 미소를 짓고 이부자리를 폈다. 그녀의 시선은 점점 수줍고 불안해졌다.
"저는 오늘 아버님의 말씀도 전부 알아듣지 못했어요. 그건 나쁜 거지요?"
"아니, 나쁠 건 없소!"
"당신은 제가 똑똑하지 못하고 서투르다고 해서 내쫓지는 않겠지요?"
"이제 자리에 누워요. 그리고 아무 걱정 말아요! 아무도 당신을 친정으로 보내지는 않을 테니까."
그는 불을 껐다. 그러나 그녀는 다시 불을 켜고 남편이 눕자 불꽃을 응시했다.
지금쯤 어머니는 무엇을 하실까?

다음날엔 일상 생활이 시작되었다. 두 남자는 아침 식사때 나타나서 겸상을 받았고 한편 무던이는 시어머니와 다른 상에서 식사를 하였다. 상들은 모두 작아서 두 사람만이 앉아 식사를 할 수 있었다. 무던이는 부끄러운 듯 묵묵히 밥그릇을 바라보았고 일봉은 때때로 그녀 쪽을 훔쳐 보았다. 그는 아직 부모님 앞에서 그녀와 말할 용기를 갖고 있지 못했다.

식사 후 두 남자는 일하러 가고 무던이는 그녀의 많은 옷들을 차례차례로 입어 보고, 꿰맬 것은 꿰매고 고칠 것은 고쳐가며 오전 내내 바느질을 하였다. 그러고는 점심 식사, 식사 후 또다시 바느질을 하였다.

"네 시아버님은 옷에는 굉장히 까다로운 분이시란다. 그런 면에서는 좀 너그럽지 못하신 편이지."

하고 시어머니는 말했다.

"나는 가끔 네 시아버님께 옛날 공자님 얘기를 한단다. 한번은 공자님께서 저고리를 외로 입으셨는데 그 이유는 마나님께서 그렇게 지으셨기 때문이지. 그런데 다음날부턴 또 공자님의 3천 명의 제자가 저고리를 외로 입고 나타나지 않았겠니. 그래 공자님은 왜 저고리를 모두 외로 입었느냐고 물으셨지. 그랬더니 제자들은 선생님의 예를 따랐을 뿐이라고 대답했단다. 그때 공자님은, 자기는 마나님이 저고리를 그렇게 지었으니까 그렇게 입었을 뿐이며, 교양 있는 남자는 자기 부인의 흠을 들추어서는 안 되기 때문이라고 말씀하셨단다. 우리 일봉이는 그렇게 까다롭지는 않단다."

하고 시어머니는 계속 말을 이었다.

"그저 약간 고집이 세고 가끔 무분별하게 굴 때가 있을 뿐이지."
 이날 저녁 일봉은 한 떼의 마을 남자들에게 끌려갔다. 그들은 악기를 들고 와서 국풍(國風)의 하나인 동상례(東床禮)를 치르기 위해 일봉을 술집으로 끌고 갔다. 동상례는 혼례식에 없어서는 안 되는 하나의 의식이었으며, 이 의식을 통해서 신랑은 말하자면 결혼한 남자들 틈에 받아들여지는 것이었다. 노래를 부르며 악기를 두드리며, 이십여 명의 젊은 남자들은 마을을 지나 술집으로 들어갔다. 술집 아주머니는 벌써 오늘 저녁의 행사를 위해 모든 것을 준비해 놓았었다. 모든 일의 지휘자는 볼이 넓은 사십 세의 농부였다. 그는 녹색칠을 하여 만든 큰 나뭇가지를 손에 들고 벽에 기대 앉았고, 다른 남자들은 막대기나 부채를 들고 신랑 좌우편에 자리를 잡았다. 신랑은 길고 얇은 명주 수건에 묶여 방 한가운데 앉혀졌다. 드디어 유도 신문이 시작되었는데, 예를 들면 얼마나 자주 신랑은 신부와 입을 맞췄으며 또 신부는 얼마나 자주 신랑과 입을 맞췄나 하는 등의 신문이었다. 만일 신랑이 한 번 대답을 못하면 남자들은 매질을 암시하기 위하여 막대기나 부채로 탁탁 소리를 내기도 하였다. 밤이 깊어갈수록 젊은 사람들은 신이 나서 노래 부르고 장단 맞춰 춤도 추며 우스갯소리도 하며 부부간의 비밀을 폭로하기도 했다. 일봉도 많이 마시고 자기 아내에 대해 얘기해야만 했다.
 자정이 넘어서야 일봉은 집으로 돌아왔다. 그는 아내의 방 앞에 잠깐 동안 멈춰서서 몇 번 깊이 숨을 쉬고는 조심스럽게 방문을 열었다. 그와 동시에 촛불이 켜지고 그가 들어서자 무던이는 한 구석으로 물러나 앉았다.

"동상례를 치르고 지금 돌아오는 길이오."
하고 그는 설명하였다. 그의 얼굴은 추위와 술 때문에 빨갛게 되어 있었다.

그녀는 마치 고양이 앞에 쥐처럼 한 구석에 쪼그리고 앉아 있었다.

"그렇게 불안해하지 마오. 내 곧 나갈 테니까. 다른 사람들과 함께 어쩔 수 없이 마셔야만 했소."

그는 웃었다.

"아무럼 당신도 친정에 가면 한 번은 차례가 올 거요. 그때는 아낙네들이 와서 내게 한 거와 똑같은 것을 당신에게 할 거요."

"아녜요."

하고 그녀는 말하고 음미하듯 그를 바라보았다.

"내게로 조금만 오구려!"

그는 애걸하듯 말하고 그녀를 구석에서 끌어내었다. 그러나 그녀는 저항했다.

"나가세요!"

"좋아, 당신이 나를 내쫓는군!"

그는 투덜거리며 사라졌다.

사흘째 되는 날이었다.

무던이는 부엌일을 떠맡았다. 그녀가 시어머니의 안내로 부엌에 들어서니 세 여자가 그녀를 기다리고 있었다.

"왜 불을 피지 않았니?"

하고 시어머니는 어린 하녀 복심이에게 물었다. 복심이는 얼른 무던이를 흘긋 보더니 얼굴이 새빨개졌다.
"저는 새아씨를 기다렸는 걸요."
"그런 일은 너도 할 수 있잖니. 새애기는 불 피우는 일은 안 한다!"
복심이는 겁이 나서 얼른 가는 나뭇가지 몇 개를 아궁이에 밀어넣고 불을 피웠다.
"이것이 두 남정네의 밥상이고, 여기 이 주발은 네 아버님 것이고, 그보다 조금 작은 이 주발은 네 남편 것이다. 그리고 이 새 주발이 네 것이란다."
시어머니는 설명을 마치고 밖으로 나갔다.
"아씨, 달걀은 몇 개나 찔까요?"
다른 두 여자 중 나이 어린 여자가 물었다. 무던이는 아직도 주발을 관찰하고 있다가 묻는 사람을 눈이 둥그레가지고 쳐다보았다.
"어제는 달걀 다섯 개를 쪘는데 좀 적은 것 같았어요. 오늘은 여섯 개를 찔까요?"
"그래!"
무던이는 대답하고 그릇들을 상 위에 놓았다.
"이 두 토막은 구울까요?"
나이 어린 여자는 다시 물으며 가오리의 중간 토막 두 개를 그녀에게 내보였다.
"그래."
무던이는 또 말했다.
다른 하녀는 고기 한 덩어리를 들고 와 그녀에게 내놓으며 끓여도 좋겠느냐고 물었다.

무던이는 고개를 끄덕였다.

그러고는 부엌일이 계속되었다. 밥이 잦고 국이 끓고 생선도 구워졌다.

복심이는 밥솥을 열고 무던이에게 숟가락 하나를 내밀었다.
"이걸로 뭘 하라는 거냐?"
무던이가 물었다.
"밥이 다 되었나 봐 주세요."
"그래!"
그녀는 대답했다.

그녀는 지금까지 기껏해야 스무 번밖에는 쌀밥을 먹어보지 못했다. 수수밥이나마 항상 배불리 먹을 수만 있었다면 얼마나 행복했었을까.

드디어 그녀는 밥주걱을 건네받고, 복심이는 시아버지의 주발을 들고 그녀의 왼편으로 왔다. 네 개의 주발에 밥이 담기고, 국그릇에 국이 담기자 복심이는 이제 다른 것은 자기 자신이 돌봐도 된다고 말했다.

무던이는 이제 처음으로 밥을 짓고 찬을 만들어 남자들로부터 칭찬을 받았다.

일봉의 방은 안채에서 멀리 떨어져 있었다. 안채의 왼편에는 두 하인의 가족을 위한 행랑이 있었고, 이 행랑채 옆에 일봉은 방 하나를 차지하고 있었다. 집 오른편에는 누에와 고치를 위해 통풍이 잘 되는 방들이 마련되어 있었다. 이런 모든 건축물에 대해 무던이는 아직 아무것도 모르고 있었는데, 그 이유는 관례에 따라 결혼 초 얼마 동안에는 안채에만 머물러 있어야 했기 때문이었다. 동상례가 지난 지 삼사일 후 어느 날, 저녁 늦게 일봉은 또다시 아내의 방으로 와서 오늘 저녁 자기의 방을 한 번 구경하고 사람들이 잠든 후 자기와 함께 아랫마을에 가지 않겠느냐고 물었다.

"만일 다른 사람들의 눈에 띄게 되면?"
무던이는 겁먹은 소리로 물었다.
"우리는 부끄러워서 살 수 없을 거예요."
그러나 그가 거듭 청하자 그녀는 드디어 승낙하고야 말았다.

그녀는 춥지 않도록 옷을 단단히 입고 갈색 수건으로 머리를 싸맸다. 불들이 모두 꺼지자 둘은 발 끝으로 방을 나가 길고 어두운 층계를 지나 댓돌을 딛고 뜰로 내려섰다.
"오른쪽에 멍석들이 쌓여 있소."
하고 그는 그녀에게 속삭였다. 가만가만히 정원 문을 열고 그러고는 재빨리 바깥뜰을 지나 그의 방으로 왔다. 그는 두꺼운 외투를 입고 그녀를 밖으로 이끌었다.
"여기서 사람들이 자고 있소."
하고 그가 가만히 속삭였다.
이젠 벽을 따라 집 모퉁이를 돌아섰다.
"이젠 담을 뛰어넘어야 하오."
그는 담을 뛰어넘고, 그녀는 그의 뒤를 따랐다. 드디어 바깥 세상이었다.
"이제 이것이 아랫마을로 가는 길이오."
그는 길게 숨을 쉬며 말했다.
"정말요?"

하고 그녀는 웃으며 물었다.
"아, 좋아라!"
그녀는 그에게 매달려 뛰었다.
"조심해요. 저기 개울이 있소."
그들은 또다시 뛰어넘었다.
"저기 언덕 위로 갑시다."
그들은 좁은 골짜기를 지나고 좁다란 나무다리를 건너갔다. 드디어 그들 앞에 하얀 평지가 뻗어 있었다. 나무들이 하나같이 하얀 눈에 덮여 있어 원경(遠景)은 분간하기 어려울 정도였다. 아랫마을이 차차 보이기 시작했다. 바다가 보이고 섬들이 보였다.
눈이 오기 시작했다.
"조금만 천천히 가요. 숨이 차 죽겠어요."
하고 무던이는 소리치고 그 자리에 멈춰 섰다. 그녀의 얼굴은 추위로 빨갛게 되어 있었다.
그들은 손을 잡고 계속 얼어 붙은 강을 따라갔다. 눈송이는 점점 커지고 점점 탐스럽게 떨어졌다.
그녀는 얼굴에서, 머릿수건에서, 어깨에서 눈을 털어내렸다. 그러나 그는 머리 위에 눈을 그대로 둔 채 묵묵히 계속 걸어갔다.
조용하고 하얀 눈 속에 덮인 밤길을 계속 걸어갔다. 온누리가 잠들어 있고, 아무것도 움직이지 않았다.
드디어 첫번째 집이 나타났다. 술집 아주머니의 집이었다. 문 앞에 솥 하나가 눈에 함빡 덮인 채 놓여 있었다. 평소에는 그렇게도 떠들썩하던 집이 지금은 마치 죽은 듯이 고요했다.

계속 모퉁이를 돌아갔다.
아직도 네 집! 모든 것이 죽은 듯이 고요했다. 몇 발자국 더 가서 그들은 멈춰 섰다.
오, 낯익은 문, 낯익은 층계, 이 위에 무던이는 그 얼마나 자주 앉아 있곤 하였던가! —— 그들은 무던이가 아침 저녁 눈을 쓸어내던 마당을 지나갔다.
그녀는 손으로 문과 창문들을 만져보고 기둥에 기대서서 울었다.
그는 그녀를 해변가로 이끌었다.
그들은 잠자코 캄캄한 해변가를 따라 걸어갔다. 눈송이가 해변가에 떨어졌다가는 곧 다시 없어지곤 하였다.
그는 바위 위에 앉아 그녀를 끌어다 무릎 위에 앉혔다. 그러자 그녀는 그의 목에 얼굴을 파묻었다. 하얀 눈이 두 사람을 감싸 덮었다.
"이젠 그만 집으로 돌아가요."
드디어 그녀는 말하고 그에게서 자기 몸을 빼냈다. 그러나 그는 다시 그녀를 끌어당겼다.
"여기 이렇게 둘만 있으니 얼마나 좋소!"
그녀는 그의 몸에서 눈을 쓸어내리고 자기 몸의 눈도 쓸어내렸다.
"당신 아직도 어머니가 보고 싶소?"
"아뇨!"
잠시 후 그녀는 이렇게 말했다.
"그러나 저는 겁이 나요."
"겁? 뭣 때문에?"

그들은 마치 밤을 방해해서는 안 되는 것처럼 조용조용 이야기했다.

"저는 꿈을 꿨어요. 제가 나비가 되어 어느 정원을 날아다녔는데 거기가 어딘지는 잘 모르겠어요. 그때 당신이 와서 저를 잡으려고 했어요. 그래서 저는 제가 당신의 아내이니 저를 그냥 날게 해달라고 말했지요. 그런데 갑자기 웃음소리가 들리기에 보니까 술집 아주머니였어요. 그리고 저는 갑자기 옛날 제 방에 앉아 있지 않겠어요. 저는 혼인을 하지 않았으며 모든 것이 어린애 장난이었다는 거예요."

"그래서 당신은 슬펐소?"

"네, 참 슬펐어요. 그리고 잠이 깨자 제가 쫓겨나서 다시 어머니에게로 가야만 되는 게 아닌가 하고 겁이 났어요."

그는 그녀를 꼭 껴안고 쓰다듬어 주었다.

"그 꿈이 무엇을 의미하는 걸까요?"

그는 잠자코 있었다.

"그거 아주 나쁜 꿈인가요?"

"잘 모르겠소."

"그럼, 나쁜 꿈임에 틀림없나 봐요. 당신은 그러고 보니 어제 저를 한 번도 쳐다보지 않았어요."

한참 후 그녀는 말했다.

"그래서 저는 당신이 저를 좋아하지 않는다고 생각했어요."

"얼마나 자주 내가 당신을 봤다구. 나는 몰래 당신을 볼 수밖에 없다오. 왜냐하면 어머니가 내 시선과 마주치면 아주 야릇하게 미소를 지으시기 때문이지. 나는 어머니가 부끄럽소. 나는 또, 다른 사람들이 내가 당신에게 반했다고 말하는 것을 원치 않아요. 부부가 너무 빨리 정이 들면 오래도록 행복하게 못 산다는 말도 있다오. 우리가 단 한 번만이라도 단 둘이 있을 수만 있다면, 그러면 나는 당신을 하루 종일이라도 바라볼 수 있을 텐데……!"

드디어 귀로(歸路)!

또다시 같은 길, 같은 정적, 같은 침묵이었다. 팔에 팔을 끼었다.

여기선 아무도 그들을 보는 사람이 없었다. 그들은 부끄러워할 필요도 없었다. 그들은 다리를 건너고 골짜기를 지나갔다.

"나는 그 꿈이 어디서 왔는지 알아."

하고 그는 갑자기 말했다.

"어디서요?"

"우린 아직 완전히 결혼을 한 것이 아니오!"

"무슨 일을 또 해야만 하나요?"

그녀가 급히 물었다.

그는 잠자코 있었다. 한참 후 그는 조용히 이렇게 말했다.

"우리는 한 번 한 이불 속에서 자야만 해요. 그러면 그 꿈은 효력이 없어질 것이오."

"그래도 되나요?"

하고 묻는 그녀의 목소리는 떨려왔다. 그들은 계속 걸어갔다.

"내일 내가 당신에게 가도 되겠소?"

그가 물었다.

그녀는 고개를 끄덕였다. 그러나 그녀는 재빨리 다시 이렇

게 말했다.
"아니, 내일 말고 사흘 후에 오세요!"
가만가만히 그들은 집 안으로 들어갔다. 그는 아내의 방문 앞까지 왔다.
"아니, 모레 오세요. 사흘 후가 아니고."
그녀가 속삭였다. 그는 그녀 곁을 떠나고, 그녀는 신발의 눈을 털었다.
다음날에 무던이는 시어머니와 함께 누구를 방문하게 되어 있었다.
인근 마을에 육십 세의 종조모(從祖母) 한 분이 살고 있었다. 그녀는 이십 년 전부터 불수의 몸으로 누워 있어 방문객이 올 적마다 기뻐했으며, 피치 못할 사정으로 찾아보지 못하면 무척이나 노여워하였다. 그녀는 눈도 어둡고 귀도 먹었으나 모든 것을 알려고 했으며, 일봉의 혼인에 대해서도 자세한 것을 알고 또 친척이 보고 싶어 무척 초조해하였다. 이 종조모에게 무던이는 가야 했던 것이다. 빠르면 빠를수록 좋았다.
"흰 저고리에 녹색 치마를 입으렴!"
하고 시어머니가 명령하였다. 무던이는 치마 저고리를 입어 보았다. 그런데 옷들이 너무 커서 빨리 고쳐야만 했다.
"그 옷이 네게 퍽 잘 어울리니 오늘은 다른 옷이 필요없겠다. 내가 얼마나 예쁜 며느리를 맞아들였나 하는 것을 그 노인이 보셔야지."
무던이는 얼굴을 붉혔다.
"자, 여기를 조금 좁히고, 거기는 조금 줄여라. 그래, 이제 잘 맞는구나. 아니, 조금만 더 줄이렴. 그래 이제 됐다. 네가 이 옷을 입으니 어쩌면 그렇게 예뻐 보이니. 너를 맞은 것이 무척 자랑스럽구나!"
일봉이가 나타났다. 그는 여자들 앞에 서서 일감을 바라보았다.
"서방님, 뭘 원하십니까?"
그녀는 근간에 아들에 대해서 가끔 존대말을 썼는데, 그것은 물론 농담이었다. 그러나 그 농담 속에는 장성한 아들을 가진, 그리고 아름다운 신부를 맞아들인 아들의 어머니로서의 긍지가 내포되어 있었다. 아들은 모든 교양 있는 사람들이 흔히 그렇듯이 어머니에게 깍듯이 존대말을 썼다.
"가마를 부를까 어쩔까를 어머니께 여쭤보려고 왔습니다."
"아니, 그만두어라. 우린 걸어갈 수 있다. 그렇게 멀지도 않은데. 그 밖에도 그애는 나와 함께, 이 시어머니와 함께 간단 말야. 설혹 사람들 눈에 띈다 해도 나쁠 게 없다. 모든 사람들이 우리 새애기를 봐야지."
일봉은 미소를 짓고 이렇게 말했다.
"그렇지만 거기까지 가시려면 길이 퍽 미끄럽고 위험할텐데요. 제가 같이 가지 않아도 되겠습니까?"
"우린 복심이를 데리고 가겠다. 너는 같이 갈 필요가 없어."
일봉은 잠자코 서 있었다.
"너희들처럼 젊은 사람들이 벌써부터 함께 외출하는 것은 그리 권고할 만한 일이 못 된다."
하고 시어머니는 말했다.

"너희들은 아직 몇 년을 더 기다려야 할 거다. 그리고 또 아내 방에도 너무 자주 가지 말거라!"
아들이 사라질 때 어머니는 한 마디 더 덧붙였다.
"그애는 벌써 네게 상당히 반했구나."
하고 시어머니는 웃으면서 말했다.
"그건 좋은 일이지. 그렇지만 너무 서둘러서는 안 돼! 커다란 독을 단번에 비울 필요가 없듯이 평생을 두고 서서히 해야 되는 법이야!"
무던이는 잠자코 바느질만 하였고 시어머니는 그녀 옆에 앉았다.
"그 애는 제 어미가 제 처와 함께 외출하는 것을 기뻐해야 할 거다. 나는 그런 행복을 갖지 못했었단다. 나는 어디든지 혼자서 가야만 했지. 그건 정말 못할 노릇이었다. 우리 둘 외에는 아무도 없었으니까."
"어머님이 혼인하셨을 때는 아버님 혼자뿐이셨나요?"
"그럼, 단 혼자였지. 나는 모든 손님들을 혼자서 접대해야 했고, 혼자서 밥하고 바느질해야만 했단다. 모든 것을 첫날부터 혼자서 해야만 했었어. 아무도 나를 치장해 주지 않았고 아무도 나를 예쁘게 해주지 않았단다."
"그렇지만 그렇게 혼자 있는 게 분명 좋았을 거예요."
오, 하느님! 그녀는 무슨 말을 그렇게 했단 말인가!
"너는 시어미 없이 혼자 사는 게 좋다고 생각하냐?"
하고, 모욕을 당해 창백해진 시어머니가 물었다.
자기가 한 말에 놀라 무던이는 어찌할 바를 모르고 창 밖을 내다보기도 하고 시어머니 쪽을 건너다보기도 했다.

"내가 네게 그렇게도 짐스러우냐?"
마지막 말은 거의 들리지 않았으나 분명히 한 말이었다.
새색시는 잠자코 절망적으로 옷 주위만 찌르고 있었다.
"만일 남편과 함께 가는 것이 더 좋을 것 같으면 그렇게 하거라. 네 마음을 이해는 하겠다. 다만 그렇게 젊은 부부가 공공연히 남의 앞에 나타내 보이고 부끄럼없이 부부가 도취되는 것이 볼품 사나워서 그렇지. 교양 없는 사람들이나 그런 짓을 하는 거란다."
"그런 뜻으로 말씀드린 것이 아니에요."
오랫동안 침묵이 흘렀다. 괴로운 침묵이었다.
그녀는 어쩌면 그렇게도 경솔할 수가 있었을까! 그녀는 물론 하루 종일 그녀를 안고 사랑스럽게 바라볼지도 모른다고 한 일봉만을 생각하고 있었다. 그는 그녀와 단둘이 있어서 무엇이든지 그가 하고 싶은 것을 할 수 있게 되기를 몹시 갈망하고 있었다.
그러나 시어머니는 어떠했나! 그녀는 며느리를 무척이나 자랑스럽게 여겼다. 어디든 며느리를 내보이고 싶을 정도로 그렇게 자랑스럽게 여겼다. 그녀는 얼마나 며느리에게 다정했던가.
며느리를 위해 반년이나 밤낮으로 바느질을 했으며 며느리가 해주는 밥을 먹는 것이 퍽 행복했다. 그런데 이런 시어머니를 무던이는 그 얼마나 마음 상하게 했는지.
무던이는 울었다. 그녀는 시어머니에게로 가서 마치 어머니의 위협하는 눈길을 응석으로 달래 보려는 어린 아이처럼 시어머니를 껴안았다.

"저는 아무것도 모르는 촌여자예요. 제발 용서해 주세요!"
"그래, 괜찮다. 울지 말아라!"
시어머니는 이렇게 말하고 여러 번이나 무던이의 머리를 쓰다듬었다.
"저는 정말로 그런 뜻으로 말씀드린 게 아녜요! 저는 어머님이 이해하시도록 명료하게 말씀드릴 수 없어요. 그렇지만 저를 믿어 주세요. 정말 그런 뜻으로 말씀드린 게 아녜요."
"그래 그래. 이젠 됐대두."
시어머니도 같이 울었다.
종조모 방문은 다음으로 연기되었다.
침묵 속에서 이날 오후가 지나갔다. 저녁 식사 후 무던이는 제 방으로 돌아왔다. 그녀는 오랫동안 어둠 속에 앉아 있다가 자리에 누웠다. 그러나 곧 다시 일어나 이리저리 서성거리다가 다시 자리에 누웠으나 곧 다시 일어나 복심이가 있는 부엌으로 갔다.
"서방님을 내게로 좀 오시라고 해라!"
일봉이 방 안에 들어왔을 때는 무던이는 방 안에 없었다. 그는 불을 켜고 어째서 그녀가 자기를 불렀나 하는 이유를 찾기라도 하려는 듯이 방 안을 둘러보았다. 방 안엔 변한 것이라곤 아무것도 없었다. 다만 병풍의 그림들만이 어스름한 가운데 깜박거리는 불빛에 비쳐 은같이 빛나고 있었다. 그것들의 일부는 풍경화, 일부는 동화 속에 나오는 그림들이었다. 일봉의 눈길은 여인의 옷을 가지고 높은 바위 뒤로 사라지는 어느 청년 위에 못박혀 있었다. 옛 전설에 의하면, 이 나무꾼은 한때 선녀들이 높은 산에 내려와 목욕하는 것을 볼 수 있는 행운을 가졌었다고 한다. 그는 그들의 옷 중 하나를 훔쳐서 감췄다. 목욕 후 선녀들은 다시 하늘로 올라갔는데 그 중 한 선녀는 옷을 찾지 못해 지상에 머물러 있어야만 했다. 이렇게 해서 그 선녀는 그 나무꾼의 아내가 되었다. 억지로 빼앗은, 그러나 아름다운 행운이 아닌가.

무던이가 들어왔다.
"당신 오늘 제 옆에 계실 수 있겠어요?"
하고 그녀가 물었다.

그는 얼굴을 붉히고 아무 말 없이 고개만 끄덕였다.

한밤중 세 시에 커다란 눈덩이가 지붕에서 뜰로 떨어졌다. 그는 몸을 일으켜 창 밖을 내다보았다. 그때 무던이가 조용히 중얼거렸다. 그는 그녀 위로 몸을 굽혀 그녀의 얼굴을 들여다보았다. 그녀는 자고 있었다. 그러나 그녀는 다시 한 번 중얼거리더니 이번엔 슬픈 목소리로 커다랗게 어떤 이름을 부르고 있었다.

"우물아!"

일봉은 깜짝 놀라 뒤로 물러나서 불을 켰다. 무던이는 눈을 떴으나 여전히 꿈을 꾸고 있었다.

"우물아!"

하고 그녀는 다시 한 번 불렀다.

그는 그녀의 어깨를 가만히 흔들고 이렇게 말했다.
"당신 무슨 꿈을 꾸오?"
"네, 그가 죽었어요."
"도대체 누가 죽었단 말이오?"

무던이는 옆으로 돌아누워 불을 보고 남편을 보았다. 그는 반쯤만 이불을 덮고 그녀 옆에 앉아 있었다. 그제야 그녀는 방 안을 죽 둘러보았다.

"저는 꿈을 꿨어요. 우물이 벼랑 끝 바위에서 물에 빠져 죽는 꿈을요. 우물은 바위에 앉아서 낚시질을 하고 있었는데 제가 밀물이 들어오니 빨리 해변가로 오라고 그에게 말을 했지요. 그런데도 그는 아무 말도 안 하고 벌써 깊어진 물 속에 뛰어들지 않겠어요? 두 번이나 그는 물을 마셨어요. 저는 그가 갑자기 파도에 밀려 멀리 떠내려가는 것을 똑똑히 봤어요. 저도 뛰어들려고 했는데 할 수가 없었어요. 무엇이 저를 꽉 잡아당기더군요. 저는 굉장히 힘이 들었어요!"

"당신은 그가 그렇게도 좋소?"

"네, 그가 아주 좋아요. 저는 무척 그와 혼인하고 싶었어요."

그녀는 어머니와 함께 그의 부모를 찾아갔던 일이며 그와 함께 놀던 일이며 또한 그와 함께 잔 일 등을 계속해서 이야기하였다. 그때에 그녀는 일봉이 아주 창백해져 꼼짝 않고 그녀를 응시하고 있는 것을 알아차리지 못했다.

"한갓 꿈에 지나지 않을 테지!"

라고 그녀는 스스로를 위로하며 눈물을 닦고 미소를 지었다.

그러나 다음 순간 그녀는 갑자기 입을 다물고 남편을 바라다보았다. 그녀의 눈은 점점 커졌으며 놀라움이 깃들였다.

"왜 그러세요?"

하고 그녀는 물었다.

그는 일어나서 옷을 입었다.

"지금 뭘 하시려고 그래요? 가시려고 그래요?"

그는 아무 말도 안 하고 문께로 걸어갔다.

무던이는 자리에서 벌떡 일어나 그의 손을 붙잡았다. 그는 그녀의 몸을 흘긋 쳐다보았다. 그러자 그녀는 몸을 움츠리고 그의 손을 놓으며 자리 위에 털썩 주저앉아 사라지는 남편의 뒤를 바라보았다.

그녀의 눈살이 찌푸려졌다. 그녀의 얼굴이 창백해지고 전신이 떨렸다. 그녀는 옷을 입고 찬물 속에서의 사람처럼 떨었다. 그녀는 창 밖을 내다보았다. 남편은 보이지가 않았다. 뜰에는 눈이 수북이 쌓여 있었다. 연방 하얀 눈덩이가 지붕으로부터 떨어져 땅 위에 부서지곤 하였다.

그녀는 방을 나가 어제와 같이 어두운 마루를 지나 불이 켜져 있는 그의 방으로 서둘러 갔다.

"그것이 무엇을 뜻하는 건가요?"

그녀는 문고리를 잡고 떨리는 음성으로 물었다.

그는 아무 말도 않고 움직이지도 않고 아내를 쳐다보지도 않았다.

"말 좀 하세요. 저는 당신의 아내예요!"

그러자 그는 몸을 일으켜 그녀에게로 왔다. 그 역시 떨고 있었다.

"당신이 그렇게도 좋아하는 그놈을, 그리고 내게서 순결한 사랑의 행복을 뺏아간 그놈을 죽이고 말 테야!"

그녀는 그에게 바싹 달라붙었다.

"아니, 당신 무슨 말을 하세요!"

"놔요. 그리고 그놈에게로 가시오. 결혼 전에 서로 사랑하는 법을 배우는 그 문란한 학교로 말이요!"

그녀는 팔을 떨어뜨리고 멍하니 그를 바라보았다. 그러다가 그녀는 밖으로 나왔다.

그녀는 자기 방으로 돌아와 부들부들 떨며 이부자리 위에 웅크리고 앉았다.

"어머니, 어머니……."

하고 그녀는 속삭였다.

비바람이 불고 좀 따뜻한 날씨가 계속되었다. 지붕으로부터 끊임없이 방울방울 눈이 녹아 떨어졌다. 일봉은 식사 때 나타나도 말이 없었고 곧 자기 방으로 돌아가곤 하였다. 시어머니는 친절했으나 차차 말이 적어지고 자주 깊은 생각에 잠겼다.

어머니는 아들을 관찰하기 시작했다. 아들이 아내를 쳐다보지 않는 반면에 아내는 때때로 아들을 건너다보았다.

"너 혹시 우리 사이에 있었던 일을 그 애에게 얘기했니?"

어느 날 저녁 시어머니는 남자들이 방을 나가자 무던이에게 물었다.

무던이는 머리를 흔들었다.

"너희들 사이에 무슨 일이 있었니?"

무던이는 잠자코 있었다.

어머니는 아들에게도 캐어물어 보았으나 신통한 대답을 듣지 못했다. 그녀는 골똘히 생각했다.

아버지는 아무런 눈치도 채지 못하였다. 그는 아주 활기 있고 만족스럽게 비단 시장에서의 좋은 전망에 대해서 집안 식구들에게 얘기했으며, 무던이를 바라볼 때면 흡족한 미소를 지었다. 그녀는 약간 피로해 보였는데, 그것은 아마도 이른봄 온화한 공기 탓이려니 생각했다.

그러자 어느 날 전례없던 일이 일어났다.

지금까지 늘 수줍어만 하고 스스로 무엇을 말할 용기를 갖지 못했던, 또 일봉이가 쳐다보면 부끄러워 얼굴을 붉히던 무던이가 식사 후 두 남자들이 방을 나가려 하자, 문 있는 데로 가서 섰다. 그러고는깜짝 놀라 서 있는 남편을 똑바로 쳐다보았다.

"저 당신과 할 얘기가 있는데 응해 주시겠습니까?"

아버지와 어머니는 아들을 바라보았다. 마치 마술에 걸린 듯 아들은 거기 서 있었다.

"나는 당신과 아무것도 할 얘기가 없소!"

하고 그는 말했다.

그녀의 눈길에는 분노와 절망이 엇갈렸다.

"좋아요……가세요!"

그녀는 말하고 길을 비켜 주었다.

이날 일봉은 아무에게도 그가 어디로 간다는 말을 하지 않고 양친의 집을 떠나버렸다.

숨막히는 듯하고 괴로운 나날이 지나갔다.

아버지는 다시는 안방에 나타나지 않았고, 어머니는 말이 없었다. 어머니의 미소는 사라졌으며 아무도 어떻게 해야 좋을지 알지 못했다. 일봉을 찾기 위해 심부름꾼을 내보내기도 하였다.

두 달 후에 일봉이 어느 절에 머물러 있다는 것을 알아내었다.
"우린 이젠 볼장 다 봤구나!"
하고 어머니는 한숨지었다.
"그녀석 고집은 당할 수가 없어."
어머니는 남편더러 아들에게로 가서 그를 데리고 오라고 청하였다. 아버지는 갔으나 혼자서 되돌아왔다. 다음에는 어머니 자신이 갔다. 그러나 모든 것이 아무 소용이 없었다.
날이 따뜻해지고 땅이 갑자기 녹았다. 나무 줄기에는 물이 오르고 땅에서는 새싹이 솟아났다. 강남 갔던 제비들도 돌아왔다.

"너 언제 한번 네 어머니에게 가지 않겠니?"
"싫어요."
"벌써 석 달이 넘었는데."
"저는 그이 없인 안 가겠어요!"
"그애는 돌아오지 않을 거다."
"제가 없으면 돌아올까요?"
"글쎄, 그럴지도 모르지!"
"좋아요, 어머님! 어머님은 아드님을 다시 찾으셔야죠."

저녁 늦게 무던이는 조그마한 보따리 하나를 팔 밑에 끼고 자기 방을 나왔다. 시어머니는 벌써 자리에 든 지 오래였다. 그녀는 잠시 시어머니 방 앞에서 머뭇거리다가 집을 나섰다.
마당에는 아무도 없었다. 다만 사내아이들 둘이 길에서 그녀를 보았을 뿐이다. 그녀는 돌아서서 다시 한 번 커다란 집

을 바라보았다. 그녀의 수척하고 창백한 얼굴에 한가닥 붉은 기가 떠올랐다.

날이 어두웠다. 흐린 강물만이 이른 봄 밤에 희미하게 빛났다.

하얀 물체는 계속 아랫마을을 향해 걸어갔다.

비가 오기 시작했다. 그러나 그녀는 서두르지 않고 가끔 길에 앉아 쉬었다.

비는 길 위에, 강물에 그리고 힘없이 걸어가는 외로운 형체 위에 후두둑 떨어졌다.

아랫마을에는 모든 것이 잠들어 있었다. 다만 읍내에서 밤 늦게 돌아오던 여인 하나가 캄캄한 밤, 비를 맞으며 오래도록 꼼짝 않고 수압댁의 집앞 댓돌 위에 앉아 있는 한 여인의 모습을 보았을 뿐이었다.

다음 날에 어떤 여인의 시체가 강물에 떠내려갔다는 소문이 났다.

봄은 가고 여름이 왔다. 물이 오른 푸른 뽕나무 잎들이 아침 햇살을 받으며 가볍게 움직였다. 아랫마을에서는 김을 매고 또 추수도 하였다. 밀물 썰물이 교차되었다. 그러나 이 모든 것도 늙어가는 과부 수압댁의 생활에는 아무런 의미도 없었다. 그녀는 아무것도 바랄 것이 없었고 아무것도 잃을 것이 없었다. 그녀의 사랑하는 딸은 이미 이 세상 사람이 아니었다. 다만 한밤중, 그녀가 고단해 잠이 들면 부드러운 손길이 그녀에게로 와 연약한 목소리로 속삭였다.

"어머니, 화내지 마세요. 제가 내일 고기 사 올게요!"

신기한 모자

　옛날에 가난한 선비 한 사람이 살고 있었습니다. 선비의 아내는 남편이 돈도 벌 줄 모르고 살림이라곤 전혀 모른다고 가끔 남편을 비난했습니다. 그렇지만 선비는 어려운 글 읽기 외에는 정말로 아무것도 몰랐기 때문에 모든 비난을 달게 받아야만 했습니다.
　어느 날 저녁 선비가 또다시 아내의 비난하는 소리를 듣고 있을 때, 조그마한 집도깨비 두 놈이 나타나서 조그맣고 까만 모자 하나를 선비에게 주었습니다
　"이 모자를 선비님께 선사하겠습니다. 이 모자를 쓰시기만 하면 선비님께선 아무의 눈에도 띄지 않는답니다. 그러면 선비님께선 시장에서 모든 것을 가져오실 수 있어요. 그렇게 되면 마나님께서 밥하실 수 있고 선비님께서도 조용히 글을 읽으실 수 있을 겁니다."
　"그것 참 묘한 생각이구나."
　하고 선비는 즉시 사라져버린 도깨비들을 칭찬했습니다.

이튿날 아침 선비는 머리에 모자를 쓰고 장으로 가서 한참 동안 주저하다가 커다란 무 한 개를 자루에 넣고는 소리 없이 장터에서 사라졌습니다. 그런데 보세요, 아무도 그것을 알아차리지 못하지 않겠습니까? 선비는 '그것 참 근사한데' 하고 생각했습니다. 그리고 훔친 것을 집으로 가져다 주었습니다.

다음날 아침에 선비는 또 싸전으로 가서 태연히 자루에 하나 가득 쌀을 담아 아내에게로 가져왔습니다. 아내는 아주 만족해했습니다. 이렇게 선비는 매일 아침 생선이며 고기며 채소며 과일 등 아내가 원하는 것을 집으로 가져올 수 있었습니다. 그러고는 하루 종일 아내의 간섭도 받지 않고 글을 읽었습니다. 이 얼마나 근사한 일이겠습니까!

그런데 이 신기한 모자가 차차로 낡아버려 마침내 솔기 하나가 터져버렸습니다. 선비는 아내에게 터진 솔기를 다시 꿰매달라고 청했습니다. 아내는 푸른 실로 터진 솔기를 꿰맸습니다. 그래서 한동안은 전과 다름없었지요. 즉 선비는 장에 가서 아내에게 풍부하게 양식을 가져왔습니다.

그런데 선비가 가끔 좋은 대구를 가져오는 생선 가게에서는 사람들이 이상한 생각을 했습니다. 그도 그럴 것이 가끔 제일 좋은 생선이 갑자기 없어지곤 했으니까요.

상점 점원은 가끔 무엇인가 수수께끼 같은 것을 보곤 했습니다. 즉 생선이 스스로 공중으로 뛰어올라서는 곧 보이지 않게 되곤 했습니다. 그러던 어느 날 아침, 점원은 없어진 생선 근처에서 짤막한 푸른 솔기 하나가 어른거리더니 천천히 시내로 빠져가는 것을 발견했습니다.

푸른 솔기는 선비가 집 앞에 이르러 모자를 벗고 생선을 가지고 집으로 들어가려고 할 때까지 거리에서 골목에서 어른거렸습니다. 이제 모든 것이 분명해졌습니다. 점원은 선비의 팔을 낚아채고 이렇게 말했습니다.

"생선 이리 내놔요!"

선비는 멍하니 그 자리에 서서,

"당신은 내가 도둑질하는 것을 보았소?"

하고 놀라서 물었습니다.

"푸른 솔기를 보았소."

하고 점원이 대답했습니다.

선비는 모자를 자세히 관찰하더니 점원의 말에 고개를 끄덕였습니다.

"자, 생선을 가지시오."

하고 선비는 잠시 생각하고 난 후 말했습니다.

"이 모자도 함께 가지시오. 나는 당신에게 이 집과 그리고 내 스스로 먹여 살릴 수 없는 아내까지도 선사하겠소. 가끔 내 아내가 굶지나 않나 살펴나 봐주시오."

선비는 다시는 집으로 가지 않고 그 길로 어디론가 떠나 버렸습니다.

선비의 갓을 쓴 하인

　유명한 시인 한 사람이 아주 가난하게 살다가 죽었습니다. 그는 그의 유일한 상속자인 충실한 하인에게 고운 말총으로 된 갓 하나를 남겨 놓았습니다. 가난한 오막살이에는 그 밖에 다른 것은 아무것도 없었습니다. 그러나 하인은 그런 것엔 조금도 슬퍼하지 않고 오히려 선비의 갓을 가질 수 있게 된 데 대해 기뻐했습니다.
　그러나 하인은 그 갓으로 무엇을 해야 좋을지 몰랐습니다. 그래서 그는 고된 일을 마치고 집으로 돌아와 서늘한 저녁 공기를 마시며 문 앞에 앉아 쉴 때면 때때로 갓을 써보곤 했습니다. 그러자 지나가던 사람들이 그에게 인사를 했습니다. 왜냐하면 그들은 위대한 선비가 문 앞에 앉아 저녁녘의 평화로움을 즐기고 있는 줄로 믿었기 때문이지요. 하인에겐 그것이 그리 나쁘지 않았습니다. 그도 그럴 것이 그는 평생에 한 번도 남에게 존경을 받아 본 일이 없었으니까요. 그는 태연히 인사를 받으며 부지중에 선비의 표정을 지었습니다.

그러나 사람들은 차차로 위대한 시인이 문 앞에 앉아 있는 것이 아니라 하인이 자기의 옛주인의 갓을 다발 머리 위에 쓰고 앉아 있다는 것을 알아차렸습니다. 그래서 그것은 여기 저기에서 사람들의 화젯거리가 되었습니다. 몇 년 전부터 스스로 그런 것을 갖고 싶어한 어느 젊은이는 이 무례한 짓을 벌주려고 마음먹었습니다.

그래서 젊은이는 자기 자신도 잘 모르는 어려운 고전 시인의 책을 책궤에서 꺼내, 시 한 수를 베꼈습니다. 어느날 저녁 때 젊은이는 시를 가지고 이미 돌아간 시인의 집으로 갔습니다. 그는 하인의 속임수를 모르는 양 공손히 절을 하고 이렇게 말했습니다.

"이 언덕 위에 아주 위대한 시인 한 분이 계시다는 소문을 우연히 들었습니다. 지식욕에 불탄 저는 참을 수가 없어서 이렇게 감히 가르침을 받고자 찾아왔습니다. 우선 시 한 수가 여기 있는데 이것을 저는 풀이할 수가 없어 당신의 해석을 듣고자 합니다."

그렇지만 하인은 젊은이의 의도를 알아차렸습니다. 그는 시를 받아들고 한숨을 쉬었습니다. 그러더니 그것을 다시 젊은이에게 건네주고 조용히 이렇게 말했습니다.

"나는 이것을 읽을 줄 모르오."

"그렇게 겸손하게 말씀하시지 마십시오! 선비의 갓을 쓴 사람은 그 시를 이해해야만 할 텐데요."

"그래?"

하고 하인은 놀라서 대꾸하더니 갓을 벗어서 젊은이의 머리에 얹고는 이렇게 말했습니다.

"자, 이제 네 스스로 풀이해 보렴. 그리고 다 읽고 난 후 갓을 내게 다시 돌려다오!"

어린 복술이와 큰 창(窓)

일식(日蝕)은 나라에 커다란 재난이 다가옴을 알리는 불길한 징조였습니다. 죽음의 별인 꼬리별도 나타났습니다. 밤낮으로 여우들이 울어 사람들이 남의 손에 죽든, 제풀에 죽든 죽게 될 것이라는 것을 예고했습니다.

아니나 다를까, 그로부터 얼마 지나지 않아 정말로 도둑떼들이 몰려와 마을의 남자들을 죽여버리고 부인들을 잡아가고 집들을 모조리 불태워버렸습니다.

어느 커다란 마을에서는 복술이라고 하는 어린 소년을 제외하고는 모두가 몰살을 당했습니다. 복술이는 아궁이 속에 숨어 있다가 도둑들이 말을 타고 멀리 가버리자 아궁이에서 기어나왔습니다. 그의 부모들은 죽어 누워 있고 아름다운 집은 불에 타 절반이나 허물어져 있었습니다. 밤이 되자 복술이는 겁에 질려 다시 아궁이 속으로 기어들어갔습니다.

가엾은 복술이는 이제 어찌하면 되겠습니까? 외톨박이가 되어 먹을 것도 잠잘 곳도 없었습니다. 하다못해 입에 넣을

만한 호박 껍질 하나도 없었습니다. 방이란 방은 모조리 지붕이 없어져 비가 오더라도 들어설 만한 곳이 없었습니다. 그래서 그는 어디론가 떠나기로 작정했습니다. 그는 떠나는 길에 아무 것이라도 가져갈 것이 없을까 하여 집 안을 여기 저기 살펴보았습니다. 벽이고 방바닥이고 할 것 없이 모두가 재가 되어 있었습니다. 다만 창문 한 개만이 깨지지 않고 남아 있었습니다. 그러나 이 창문을 가지고 무엇을 하겠습니까? 복술이는 창문을 정답게 어루만지며 울었습니다. 정든 집에서 남은 건 이것밖에 없구나 생각하니 눈물이 앞을 가렸습니다.

"잘 있거라, 창문아!"

복술이는 슬프게 말하고 집에서 나가려 했습니다. 그러자 창문이 별안간 소리쳤습니다.

"나를 데리고 가세요!"

복술이는 지금껏 창문이 말하는 것을 들어 본 적이 없었습니다. 그래서 누가 집에 있나 싶어 몇 번이나 돌아다보았습니다. 그렇지만 거기엔 아무도 없었습니다. 개 한 마리조차도 마을엔 살아남은 것이 없었습니다. 그러자 창문이 또다시 소리쳤습니다.

"나를 데리고 가세요!"

그제야 복술이는 그것이 정든 창문의 소리임을 알았습니다. 그는 창문을 돌쩌귀에서 들어올려 둘러메고 떠났습니다. 그러나 아직 나이 어린 복술이에게는 창문을 메고 가는 일이 쉬운 일이 아니었습니다. 창문은 그의 좁은 잔등에 비해서 너무나 넓었습니다. 팔을 뻗어 창의 좌우 양끝을 메고 가는 바람에 다른 일에는 도무지 팔을 쓸 수가 없었습니다. 그렇지만 그는 하루 종일 끈기 있게 창문을 지고 가다가 하도 지쳐서 나무 밑에 앉아 쉬기로 했습니다. 그는 창문을 땅에 내려놓고 이렇게 말했습니다.

"너는 너무나 무거워 이 이상 더 메고 갈 수가 없구나. 너는 여기 있는 게 좋겠다."

그러자 창문이 또다시 말했습니다.

"나를 데리고 가세요!"

"너는 너무나 무거워, 정말로 더 이상 메고 갈 수가 없어."

복술이는 말하고 혼자 걸어갔습니다. 그러자 창문은 계속,

"나를 데리고 가세요!"

하고 소리쳤습니다. 그 목소리가 어찌나 구슬펐던지 복술이는 되돌아와 큰 창문을 다시 메고 갈 수밖에 없었습니다.

얼마쯤 후에 복술이는 불빛이 밝은 어느 집에 당도했습니다. 복술이는 집 밖으로 나온 노파에게 죽이라도 한 그릇 얻어먹기를 청했습니다. 부모가 도둑 떼에게 몰살당하고 자기는 아직도 갈 길이 멀다고 사정했습니다.

노파는 그에게 수수밥 한 그릇을 가득히 갖다 주었습니다. 복술이는 커다란 대문 앞에 앉아서 마치 거지처럼 밥을 먹었습니다. 자기가 거지가 되었다고 생각하니 슬프기 그지없었습니다. 밥을 다 먹고 난 후 노파에게 고맙다는 인사를 하고 떠나려 하자 노파가 이렇게 말했습니다.

"너는 참 예쁜 창문을 가졌구나. 그런데 뭣하려고 그 무거운 것을 가지고 다니니? 여기 두고 가거라, 긴하게 쓸 데가 있으니."

복술이는 그럴싸하게 생각했습니다. 뭣 때문에 이 창문을 계속 가지고 다니겠습니까? 그런데 그때 창문이 귓속말로 말했습니다.

"나를 버리지 말아요. 복술이, 제발 부탁이니 나를 버리지 말아요!"

가엾은 창문은 무서워서 떨고 있었습니다. 복술이는 다시 불쌍한 생각이 들어 노파에게,

"이것은 저의 유일한 재산이에요. 미안하지만 이건 드릴 수가 없어요."

하고 거절했습니다.

다시 밤이 돌아왔습니다. 복술이는 길을 몰라 비틀거리며 가다 때때로 창문의 이 귀퉁이 저 귀퉁이를 땅 위에 부딪치곤 했습니다.

"복술이, 나를 똑바로 잘 들고 가세요! 자꾸만 부딪치니까 온몸이 아파 죽겠어요."

"창문아, 그렇게 불평하지 말아라. 나도 이제 지쳤어."

복술이는 대답하고 계속 걸어갔습니다.

이튿날 아침 그는 또다시 집 한 채를 발견했습니다. 이 집은 이 큰 마을에 남아 있는 오직 하나의 집이었습니다.

"얘 꼬마야, 커다란 창문을 가지고 혼자 어디로 가니?"

담을 고치던 남자가 물었습니다. 복술이는,

"집이 없어서 이리저리 헤매는 겁니다. 밤새도록 이 무거운 창문을 지고 다녔더니 피곤하고 배가 고파 죽겠어요."

하고 대답했습니다.

"창문을 나한테 주렴. 그러면 맛있는 밥을 줄게."

복술이는 드디어 창문을 내려놓으려 했습니다. 그러자 창문이 또다시 슬픈 소리로 말했습니다.
"복술이, 나를 버리지 말아요. 나를 버리면 난 복술이가 그리워 죽을 거예요."
그래서 복술이는 또다시 아침도 먹지 못한 채 줄곧 걸어갔습니다. 창문은 점점 무거워져 복술이는 창문을 질질 끌고 가다시피 했습니다. 길이 울퉁불퉁 험하고 창문 아래 모서리가 다 닳아빠져 창문은 고통에 못 이겨 한숨을 쉬고 신음을 했습니다. 그러나 복술이는 창문의 신음소리와 법석 떠는 것이 들리지 않는 양 이젠 아예 창문 전체를 뒤에다 질질 끌고 갔습니다.
복술이는 하루 종일 걸었으나 집 한 채도 볼 수가 없었습니다. 마을마다 모조리 불에 타고 살아남은 사람이라곤 하나도 없었습니다. 숲 속을 이십여 리나 걸어가 자정이 가까워서야 겨우 커다란 집 한 채가 눈에 띄었습니다. 여기에는 도둑 떼가 다녀가지 않은 것 같았습니다. 그런데 그 집의 대문이 조금밖에는 열려져 있지 않았고 게다가 문지방이 얼마나 높은지 복술이는 우선 창문을 밀어 그 너머로 떨어지게 한 다음에야 겨우 몸을 움츠려 들어갈 수 있었습니다. 가엾은 창문은 이제 아주 큰 소리로 울어댔습니다.
"내 발을 모조리 비벼 닳게 하고 이젠 또 나를 거꾸로 세워 놓으니 숨도 쉴 수 없고 어지러워 죽겠어요!"
복술이는 또다시 아무것도 못 들은 체하고 창문을 메고 집 안으로 들어갔습니다.
방마다 환히 불이 켜져 있었고 방 안에는 슬픈 표정의 사

람들이 가득 앉아 있었습니다. 복술이가 들어가서 왜 모두들 그렇게 슬픈 표정을 하고 있느냐고 묻자 그들은,
"이 세상에서 가장 아름다운 이 집의 외동딸이 지금 죽어 가고 있다."
고 대답했습니다. 복술이는 차마 이 근심에 싸여 있는 사람들에게 먹을 것과 잠자리를 청할 용기가 나지 않았습니다. 그때 소녀의 아버지가 들어와 복술이를 보더니 이렇게 말했습니다.
"너는 기적을 행하는 아이처럼 보이는구나. 눈동자도 빛나고 귀도 갸름하고 이마도 훤칠하구나. 너 사람의 병을 고칠 줄 아니? 네가 내 외동딸을 구해 줄 수 있겠니?"
복술이는 그럴 수 없는 것이 여간 마음 아프지 않았습니다. 바로 그때 창문이 속삭이는 소리가 들렸습니다.
"난 그 병을 알고 있어요. 그 소녀를 구할 수 있으니 마치 의사처럼 행동해요!"
복술이는 창문의 말을 듣고 소녀의 아버지와 함께 죽어 가는 소녀에게로 갔습니다. 복술이가 어두운 골마루를 지나 두근거리는 가슴으로 안채로 들어갈 때 창문이 또 속삭였습니다.
"소녀의 방 장롱 뒤에 있는 벽 속에 그림이 한 장 감춰져 있어요. 그것을 꺼내버리면 이 집 딸은 회복될 거예요."
복술이는 병실로 들어와 병으로 신음하는 아름다운 소녀를 보았습니다. 그는 아직껏 이렇게 아름다운 소녀를 본 적이 없었습니다. 마치 동산 너머에서 금방 솟아오른 반달처럼, 물 위를 사뿐히 나는 제비처럼 그렇게 아름다운 소녀였

습니다. 소녀의 어머니가 옆에 앉아 울고 있었습니다.
"여기 기적을 행하는 소년을 데리고 왔소. 이 소년이 우리 애를 낫게 해줄 거요."
하고 소녀의 아버지가 말했습니다.

복술이는 힘 센 장사 두 사람을 불러 장롱을 치우고 도끼와 망치로 벽을 부수는 일을 도와달라고 했습니다. 그들은 곧 벽 속에 감춰진 찬장을 발견해냈습니다. 복술이가 그 문을 열어 젖히자 일찍이 죄없이 살해된 장군의 초상화 한 장이 나타났습니다.

"이 악마의 화상을 태워버리시오!"
하고 복술이가 명령했습니다.

초상화는 곧 뜰에 있는 장작 더미 위에 던져져 타기 시작했습니다. 초상화가 완전히 잿가루로 변하기도 전에 아름다운 소녀는 일어나 앉아 마치 깊은 꿈에서 깨어난 것처럼 사방을 둘러보았습니다.

소녀의 아버지는 기쁨에 차,
"여기 이 소년이 바로 너를 살려 준 기적의 소년이란다."
라고 말하며 복술이를 소녀 곁으로 이끌었습니다.

복술이는 이후부터 이 큰집에서 소녀의 부모와, 그리고 소녀와 함께 살며 모든 물건을 나누어 쓰며 지냈습니다. 복술이는 어른이 되어 소녀와 결혼할 수 있을 때까지 이 집에서 함께 살았습니다. 그러나 창문은 발이 너무나 많이 닳아빠지고 너무 오랫동안 거꾸로 서 있었기 때문에 드디어는 병들어 다시는 일어나지 못했습니다. 그러나 창문은 복술이가 다정스레 위로하자 한 마디 불평도 없이 눈을 감았습니다. 복술이와 그의 아내는 창문을 동산 위 한 그루 아름다운 벚나무 아래 묻어 주었습니다.

무수옹(無愁翁)

 옛날 강화섬에 아무 근심 걱정 없는 한 노인이 살았습니다. 그는 언제나 평화스러웠습니다. 사람들과 싸우지도 않고 또 한 번도 자기 운명을 한탄하지 않았습니다. 그래서 사람들은 그를 '무수옹' —— 걱정을 모르는 노인—— 이라 불렀습니다.
 한번은 임금님이 그에 대한 이야기를 듣고 그를 불러 어떻게 해서 이런 미덕을 갖게 됐느냐고 물었습니다.
 노인은,
 "저는 운명을 믿고 있습니다. 미소한 인간이 근심한다고 해서 어디 하늘의 뜻을 바꿀 수 있겠습니까! 저는 제가 걱정하지 않았어도 태어났고 또 늙었습니다. 제가 걱정하지 않아도 벼 이삭은 자라고 제 아이들도 자랍니다. 그와 마찬가지로 저도 어느 날엔가는 제 생(生)을 마칠 테지요. 무엇 때문에 제가 걱정을 해야만 하겠습니까?"
 하고 대답했습니다.

"자, 여길 보시오. 나는 이 보석 때문에 큰 걱정을 하고 있소. 점쟁이의 예언에 의하면 이 보석은 내달 보름 전으로 잃어질 거라고 하오. 당신은 이 보석을 재앙의 날이 지날 때까지 내 대신 보관했다가 내달 열엿새 날에 내게 다시 돌려줄 수 있겠소?"
하고 임금님이 말했습니다. 근심을 모르는 노인은 쾌히 약속을 하고 두 손으로 보석을 받아 품 속 깊이 감추었습니다.

노인이 값진 보석을 가지고 집으로 돌아오는 중 강을 건널 때 한 젊은이가 노인에게 말을 걸어 임금님께서 그에게 무엇을 원하시더냐고 물었습니다. 무수옹은 웃으며 품 속에서 번쩍번쩍하는 보석을 꺼내 보이며 임금님의 큰 걱정에 대해 이야기했습니다. 젊은이는 보석을 여러 모로 자세히 관찰했습니다. 그때에 그만 보석이 젊은이의 손에서 미끄러져 강물 속 깊이 빠져버렸습니다.

이 젊은이야말로 임금님의 명령을 받고 비밀리에 나온 사자(使者)였습니다. 젊은이는 무수옹이 임금님의 보석을 잃어버리고도 조금도 걱정하는 기색이 없더라고 임금님께 보고했습니다.

'이제 무수옹이 어떻게 할 것인가? 만일 내달 열엿새 날에 보석 없이 입궐하면 벌을 받을 텐데……'
하고 임금님은 생각했습니다.

달이 가고 약속한 날이 다가왔습니다. 무수옹은 반짝이는 아침 햇살을 받으며 나타나서 임금님께 그의 보석을 바쳤습니다.

"당신은 어떻게 해서 이 보석을 다시 찾았소? 이 보석이 강물에 빠졌다던데?"
하고 임금님은 놀라서 물었습니다. 그러자 무수옹이,
"제 처가 시장에서 사 온 붕어 속에서 다시 찾았습니다."
하고 대답했습니다.

염라대왕의 실수

저승의 염라대왕이 한번은 또 잘못하여 아직도 젊은 어느 가장(家長)을 심장마비로 죽게 했습니다. 그 가장의 영혼은 이미 명부(冥府)에 와서 최후의 심판을 기다리고 있었습니다.

이윽고 그가 불려 들어갔을 때, 사람들은 그만 착오로 하여 그를 데려왔다는 사실을 발견했습니다. 그래서 그를 다시 인간 세상으로 보내야만 했지요. 그런데 그를 인간 세상으로 데리고 갈 사자는 그의 육체가 벌써 땅 속에 묻혀버렸다고 말하지 않겠습니까? 그러니 이제 어찌하면 좋겠습니까?

사람들은 한참 동안 의논하고 난 후에 드디어 그 가엾은 가장에게 물었습니다. 그가 혹 다른 사람의 몸으로 환생해서 여생을 보내지 않겠느냐고요. 방금 다른 남자가 하나 죽었는데 그의 육체는 아직도 쓸모가 있다고 했습니다. 그 가장은 어쩔 수 없이 그에 찬성했습니다.

이윽고 그가 정신이 들었을 때 그는 낯선 집에 누워 있는 자신을 발견했습니다. 그 집에는 모두 낯선 얼굴들만이 보였습니다. 부인과 아이들은 지금까지 울고 있다가 가장이 소생함에 다시 웃고 모두들 기뻐서 어쩔 줄을 몰라했습니다.

평생 보지도 못한 부인이 그를 남편이라 부르고 알지도 못하는 아이들이 그를 아버지라 불렀습니다. 그 자신은 뭐라고 대꾸해야 할지 몰라서 잠자코 그들이 간호하는 대로 내버려 두었습니다. 그렇게 함으로써 우선 이 집의 가장이 걸려 죽었던 병에서 회복될 수 있도록 말이지요. 그가 나중에 들은 바에 의하면 이 집 가장의 성(姓)은 옥(玉)씨라고 했답니다.

몸이 완쾌되자 그는 어느 날 저녁 부인을 불러 놓고 부드럽고 다정한 목소리로 이렇게 말했습니다.

"여보, 나는 사실은 당신의 남편이 아니오. 나는 저 남쪽 울산 사람으로 그곳에 부인과 아이 하나를 갖고 있다오. 그리고 나는 또 옥가가 아니고 윤(尹)간데 황천 염라 대왕의 잘못으로 이곳으로 보내졌을 뿐이오."

"아, 여보, 어떻게 그런 말씀을 하세요! 보세요, 전 당신의 아내예요!"

하고 부인은 깜짝 놀라서 소리쳤습니다.

부인은 그를 잘 덮어 주고 그에게 원기가 돋울 고기죽을 가져왔습니다. 부인은 그가 아직도 회복되지 않았다고 믿고 보약을 더 달여 왔습니다. 그리고 전보다 더 세심하게 또 전보다 더 큰 사랑으로 그를 간호했습니다. 그가 여러 번이나 되풀이해서 설명했지만 부인은 전혀 들으려고도 하지 않았습니다.

윤씨는 그럼에도 불구하고 자기의 부인과 멀리 남쪽에 있는 고향이 그리웠습니다. 그래서 그는 어느 날 밤중에 집에서 도망쳐 쉬지도 않고 오랫동안 걸어 드디어 고향 땅에 도달했습니다. 낯익은 언덕이며 벌판이며 길들이 보이고 또 고향의 내(川)와 다리가 보였습니다.

저녁때 그는 자기 집 앞에 서서 부인이 상복을 입고 마당을 쓸어내는 것을 보았습니다. 부인은 그를 알아보지 못하고 그가 무엇을 원하느냐고 물었습니다.

"저는 길가는 나그네올시다. 해가 저물었으니 하룻밤 묵어 가게 해주십시오."

"참 안됐습니다만 전 당신을 재워 드릴 수가 없어요. 바깥 주인께서 보름 전에 돌아가셨답니다. 그러니 다음 집으로 가십시오."

하고 부인이 말했습니다.

"그것 참 안됐습니다. 댁의 주인께선 분명 훌륭하고 교양 있는 분이셨을 겁니다. 주인께선 당신이 의지할 수 있는 아드님을 하나 남겨 놓으셨지요?"

"네, 천만 다행으로요."

"아드님의 이름이 충신이 아닌지요?"

"네, 충신이라고 합니다. 그런데 당신은 어떻게 그것을 아십니까?"

"이제 알겠습니다. 전 댁의 주인을 잘 알고 있습니다. 주인께서 저를 찾아오시면 우린 함께 술을 마시곤 했지요. 주인께선 또 당신에 대해서도 많이 말씀하셨어요. 당신은 뒷골 황씨댁의 둘째 따님이시지요?"

"네, 그렇습니다. 누추한 집이지만 들어오십시오."

염라대왕의 실수 113

부인은 남편의 친구를 본 것이 기뻐서 말했습니다.

부인은 그를 남편의 방으로 맞아들이고 저녁을 대접했습니다.

이윽고 전 가족이 다시 모여 앉게 되었습니다. 그러자 그는 자기의 영혼이 방황한 것이며 저승에서 살아온 얘기며 옥씨댁에서 회복된 얘기 등을 들려주었습니다.

부인은 기뻐서 울고 곧 남편의 음성을 가진 낯선 몸을 사랑하게 되었습니다. 부인은 상복을 벗고 제단을 치우고 돌아온 남편과 함께 행복하게 살았습니다.

어깨기미와 복심이

한국 서부의 갑산(甲山) 지방에 아주 부유한 집이 하나 있었습니다. 인근의 전답은 물론 마소들도 거의 다 이 집 주인의 것이었습니다. 집도 어찌나 큰지 바깥대문에서 안대문까지 가려면 한 시간은 족히 걸렸지요. 바깥 주인은 좋은 말들만 골라 타고 다녔고, 안주인은 이쪽 채에서 저쪽 채로 갈 때도 가마를 탔습니다. 이 부잣집의 외아들이 걷기 시작하자 그 어머니는 계집종에게 명해 아이가 다니는 길에 보드라운 천을 펴주게 했습니다. 아이가 어쩌다 넘어지더라도 보드라운 손이나 무릎이 다치지 않도록 말이지요.

이 귀염둥이 아기의 이름은 어깨기미였습니다. 예쁘장한 귀염둥이 아기의 이름치고는 결코 듣기 좋은 이름이 아니었으나 그 밖에 다른 이름은 없었습니다. 어깨기미의 어깨에는 정말로 커다란 점이 하나 있었고, 부모들은 또한 이런 흉한 이름이 이 아이를 재앙으로부터 막아 줄 수 있을 거라고 생각했습니다. 부모들은 이 아이가 너무나 행복한 것이나 아닐

까, 그래서 나쁜 귀신들이 그를 시새워하지는 않을까 하고 무척 두려워했습니다.
 어머니는 매일같이 점쟁이 여편네를 집으로 불러들여 어깨기미가 장차 부귀다남의 행복을 누릴 것인지를 물어보곤 했습니다. 점쟁이 여편네들은 하나같이 운수대통이라는 말밖에는 하지 않았습니다. 공연히 잘못 말했다가는 바깥주인이 대노(大怒)할까봐 두려웠기 때문이죠. 그런데 이마가 온통 주름살투성이인 한 늙은 점쟁이만은 어깨기미가 열다섯 살밖에는 못 살 것이라고 말했습니다.
 "저 마귀 같은 년을 내쫓아라!"
하고 어깨기미의 아버지는 하인들에게 명령하고, 점괘를 푸는 책이며 요술지팡이며 귀신들이 그려진 부채들을 태워 버리게 했습니다.
 그러나 이런 것이 무슨 소용이 있겠습니까? 점쟁이 노파는 그저 진실을 말했을 뿐인 걸요. 바보 같은 부모들은 죄 없는 노파를 쫓아내면 진실을 은폐할 수 있으려니 생각했습니다.
 어깨기미는 열네 살이 되자 과연 앓아 눕게 되었습니다. 아버지는 가장 이름난 의원들을 불러들였습니다. 어떤 의원은 값비싼 인삼을 앓는 아이에게 주었고, 또 어떤 의원은 새로 돋은 녹용을, 또 다른 의원은 딱딱한 호랑이 무릎뼈를 갈아 주었습니다. 그러나 아이의 병은 낫지 않아 모두들 허탕을 치고 돌아갔습니다.
 그러나 운명은 어깨기미네가 누릴 자격에 비해서 훨씬 친절했습니다. 전에 온갖 모독을 받고 쫓겨났던 그 점쟁이 노파가 다시 불려왔습니다. 어깨기미의 어머니는 노파에게 어떻게 하면 이 무서운 병을 이겨낼 수 있겠느냐고 물었습니다.

노파는,

"누구든 한 사람이 죽어야 해요. 왜냐하면 황천 명부(黃泉名簿)에 그렇게 올라 있기 때문이죠. 그러니 누가 대신 죽으면 당신의 아드님은 살아날 수 있습니다"

라고 말했습니다.

그러나 누가 어깨기미를 대신해 죽으려 하겠습니까? 아버지로 말하면 그 많은 재산을 모아 놓고 이제 인생을 더 즐기고 싶었습니다. 어머니로 말해도 조금만 더 늙었더라도 아들을 위해 죽을 수 있었을지 모르지만 아직은 너무나 젊었습니다. 그래서 어머니는 집안의 모든 남녀 하인들을 불러 놓고 자기 아들 대신 죽어 줄 사람은 없느냐고 물었습니다. 남자 하인들은 자기만 믿고 사는 부인이 있다고 했고, 하녀들은 남편을 혼자 두고 죽을 수는 없다고 말했습니다. 하녀들 중에 단 한 명, 고아로서 친척이라곤 하나도 없는 사람이 있었습니다. 복심이라는 이름을 가진 이 충실한 하녀는 이 세상에 자기의 모든 것을 바칠 수 있는 사람이 없을까를 한동안 생각해 보았습니다. 그러더니 드디어 이렇게 말했습니다.

"저는 혼잣몸입니다. 제가 어깨기미를 대신해서 죽겠습니다."

점쟁이 노파는 복심이의 어깨에 커다란 점을 그려 놓고 어깨기미의 옷 중 제일 좋은 비단 바지저고리를 입혀 어깨기미의 병석에 눕혔습니다. 한편 어깨기미는 복심이의 작은 방으로 옮겨졌습니다.

 저녁이 되어 죽을 시간이 점점 가까워 오자 사람들은 앓는 티를 내고 누워 있는 복심이 옆에 커다란 촛불을 켜놓고 방문 앞에서부터 대문 밖까지 기다란 천을 펴놓은 뒤 대문 좌우 양쪽에는 길고 노란 등불을 내달았습니다. 이것은 저승 사자에게 임종하는 사람이 있는 곳으로 가는 길을 가르쳐 주기 위한 것입니다. 어깨기미의 부모와 점쟁이 노파는 복심이 옆에 앉아서 저승 사자가 차분히 기분 좋게 가도록 길 위에 동전을 뿌렸습니다.

 이윽고 복심이는 솟을대문에서 저승 사자의 발소리가 나는 것을 들었고 이내 두 번째 세 번째 중문을 거쳐 마침내 방문 앞에까지 오는 것을 들었습니다. 검은 옷에 붉은 띠를 매고 손에는 장대를 든 두 명의 거인이 복심이가 누워 있는 자리로 와 복심이를 들어올려 집 밖으로 데리고 나갔습니다. 복심이는 몸을 돌려 자기의 양친이 오랫동안 일을 해왔고, 또 자기도 여러 아이들과 함께 놀던 집을 다시 한 번 바라보았습니다. 그러나 집은 어느새 멀리멀리 떨어져 잘 보이지가 않았습니다. 어디선가 다듬이질하는 소리만이 들렸습니다. 그리고 멀리에서 개짖는 소리가 들릴 뿐 사위는 죽은 듯 고요했습니다.

 복심이는 칠흑같이 캄캄한 길을 서둘러 가고 있다는 것을 느낄 뿐이었습니다. 하늘은 캄캄했고, 저승 사자의 모습은 보이지 않았으나 저승 사자의 손과 움직이는 발들은 보였습니다. 복심이는 하도 빨리 걷는 바람에 지칠 대로 지쳤습니다.

"저승 사자님, 조금만 쉬어 가게 해주세요! 아주 피곤해 죽겠어요. 그리고 길은 어쩌면 이렇게 돌투성인지 걸을 수가 없어요."

"여기선 아무도 쉬어서는 안 돼!"

하고 저승 사자 하나가 말했습니다. 다른 사자는 잠자코 있었습니다.

그러고 나서 복심이는 오랜 시간 가시덤불을 지나가야 했습니다. 복심이의 발에서는 피가 흘렀습니다. 복심이는 땅을 세게 밟지 않아도 되도록 두 저승 사자의 손을 꽉 붙잡고 갔습니다.

"저승 사자님, 잠깐 동안만 여기서 쉬게 해주세요. 발이 아파 죽겠어요."

저승 사자는 아무 말도 하지 않고 복심이를 계속 끌고 갔습니다. 이윽고 길이 약간 평탄해지고 마치 동이 트는 것처럼 조금 훤해졌습니다. 복심이는 기진맥진했고 목이 말라 견딜 수가 없었습니다. 그때 복심이는 한 여인이 물동이를 가지고 길에 앉아 있는 것을 보았습니다.

"저승 사자님, 물 좀 마시게 해주세요. 목이 타서 죽겠어요!"

저승 사자들은 수첩을 들여다보더니,

"안 돼, 너는 네 평생에 한 번도 목마른 사람에게 물을 주지 않았어. 우린 네게 물 사 줄 돈이 없다."

고 말했습니다.

조금 후에 복심이는 또다시 물동이를 가지고 있는 노파 하나를 보았습니다. 그러나 복심이는 그 이상 목마르다고 불평하지 않았습니다. 복심이는 자기가 한 모금도 물을 얻어 마시지 못하리라는 것을 이제 알았습니다. 그러자 노파가 복심이한테로 와 마실 것을 주려고 했습니다. 그러나 저승 사자들은 노파를 멀리 쫓아버렸습니다. 이들 가엾은 여인들은 물동이의 물이 전부 팔릴 때까지 길에 앉아 있어야만 했습니다. 그들 평생에 목마른 사람에게 물을 주지 않은 벌이지요.

드디어 복심이는 목적지에 도달했습니다. 눈앞에 육중한 대문이 나타났고 복심이는 문 안으로 이끌려 들어갔습니다. 좌우에는 갑옷을 입은 힘센 파수꾼 두 명이 서 있었습니다. 복심이는 겁에 질려 부들부들 떨었습니다. 감히 고개도 들지 못하고 두 명의 사자에 이끌려 열두 나한(羅漢) 앞까지 끌려갔습니다. 복심이는 명부의 한가운데 홀로 서 있었고 한쪽 벽가에 열두 나한이 앉아 있었습니다.

"네 이름이 뭐냐?"

하고 그들 중 한 사람이 물었습니다.

"제 이름은 복심이라고 합니다. 가난한 부모 없는 소녀입니다."

복심이는 들릴 듯 말 듯한 목소리로 대답했습니다.

그러자 나한은 책상만큼이나 커다란 책을 펼쳐 보더니 이렇게 말했습니다.

"어떻게 네가 여기에 왔니? 너는 일흔 살 이상이나 살도록 되어 있는데……"

"저는 이 세상에서 가장 외로운 몸이에요. 그래서 어깨기미 대신 제가 죽었습니다."

그러자 열두 나한들은 모두 일어나 그토록 슬프게 살아온

소녀가 그토록 착하게 지내온 데 대해 감탄을 했습니다. 그러나 열두 나한 중 제일 높은 나한은,
"무릇 사람에게는 생명의 기한이 정해져 있느니라. 너는 다시 인간 세상으로 돌아가고 어깨기미가 와야 할 것이로되, 네가 그토록 착하고 또 그를 위해 희생했기 때문에 그도 너와 똑같은 나이까지 살게 해주마."
라고 말했습니다.
 다시 두 명의 사자가 들어와서 복심이를 명부에서 데리고 나갔습니다. 복심이는 넓고 밝은 평탄한 길을 따라 급히 죽음의 나라 밖으로 인도되어 나왔습니다. 도처에 연꽃이 피어 있고 아름다운 새들이 그 위를 날아다니고 있었습니다. 복심이는 그곳이 너무나 아름답고 평화스러워 그곳을 떠나기가 싫었습니다. 그곳엔 태양이 비치지 않았지만 밝고 따뜻했습니다. 복심이는 아무것도 먹지 않았으나 배도 고프지 않고 목도 마르지 않았습니다. 여기 저기에 아주 아름다운 옷을 입고 거니는 사람들이 보였습니다. 몇몇 사람들은 꽃으로 덮인 호수에서 배를 타고 있었습니다. 멀리에서 정원에 앉아 노래를 부르는 그리운 복심이의 부모님 모습도 보였습니다. 어머니가 손을 흔들었으나 복심이는 벌써 수천 리나 떨어진 곳에 와 있었습니다.
 주위가 다시 어두워 오더니 저 멀리 마을에서 새벽을 알리는 닭울음 소리가 들려왔습니다.
 어깨기미의 부모들은 밤새껏 하얀 홑이불에 덮인 복심이의 시체 옆에 앉아 있었습니다. 새벽이 되자 어깨기미의 부모들은 이 불쌍한 아이의 죽은 모습을 보려고 한 번 더 이불

을 들췄습니다. 그때 그들은 아이의 이마에 붉은점이 돌아 점점 퍼지더니 생기가 돌고 미소 띤 얼굴로 변해가는 것을 보았습니다.

이윽고 복심이는 마치 깊은 꿈에서 깨어나듯 숨을 크게 쉬었습니다. 복심이는 홑이불을 젖히고 일어나 앉아 저승에 다녀온 얘기며 어깨기미도 오래 살 것이라는 얘기를 들려주었습니다.

어깨기미의 부모들은 크게 기뻐하며 두 아이들을 짝을 지어 주었습니다. 어깨기미와 복심이는 불쌍한 사람들에게 좋은 일 하는 것을 잊지 않았습니다. 그들은 이제 이 세상에서 행하는 모든 일이 죽은 후에 벌이나 상으로 나타난다는 것을 알았습니다. 복심이는 어깨기미가 너무나 보드라운 천 위에서 걸었기 때문에 그 벌로 가시덤불 위로 걸어야 했었습니다.

그들은 그 후부터 그들의 남녀 하인들과 똑같이 그렇게 검소한 생활을 했습니다. 그리고 가뭄이 들 때면 커다란 물동이에 맑은 물을 가득 담아 집 앞에 내놓아 아무도 목마른 사람이 없도록 했습니다.

두 사람은 모든 사람들에게 사랑을 받으며 늙도록 산 후 같은 날 같은 시간에 함께 죽었습니다.

최후의 구원

아주 옛날에는 감옥에 담이 없었습니다. 왜냐하면 죄수들이 순순히 그들의 잘못을 속죄했기 때문이죠. 죄수들은 그저 흰 줄로 표시된 한 구역 안에 모여 있을 뿐이었습니다. 가끔 어떤 죄수가 도망을 가더라도 다음날 아침에는 다시 잡혀 오곤 했는데, 이것은 궁중에 한 현인(賢人)이 있어 두 개의 막대기로 죄수의 도망간 곳을 가리켜 냈기 때문입니다.

두 개의 막대기는 한 숫자를 나타냈고 그 숫자는 시(詩) 한 수를 나타냈습니다. 현인이 시를 풀면 하인들은 틀림없이 도망간 죄수를 다시 잡아오곤 했습니다. 세상의 어느 곳에서도 현인의 이 비결을 피할 수가 없었습니다.

그럼에도 불구하고 한 젊은 죄수는 자유가 그리워 몇 번이나 감옥에서 도망을 갔습니다. 그러나 번번이 되잡혀 오곤 했지요. 젊은 죄수는 세 번째 또 도망했는데, 이번에는 아무의 눈에도 띄지 않아 그를 고발하는 사람이 없도록 깊은 산속으로 들어갔습니다. 그는 하루 종일 뛰고 또 밤이 깊도록 뛰어서야 겨우 여울 옆에 있는 조그마한 집 한 채를 발견했습니다.

그는 문을 두드리고 하루 저녁 재워줄 것을 청했습니다.

흰 수염이 달린 늙은 주인이 그를 맞아 방으로 데리고 들어왔습니다.

"어째서 당신은 그렇게 슬픈 표정을 하고 있소?"

하고 주인은 한동안 그를 관찰하고 난 후에 물었습니다. 그러자 도망해 온 죄수는 자기의 근심을 털어놓았습니다. 자기가 다시 잡히면 이번에는 어쩌면 사형을 받을지도 모른다구요.

주인은 조용히 그의 말을 듣고 잠깐 동안 생각을 하더니 이렇게 말했습니다.

"어쩌면 내가 당신을 구할 수 있을지도 모르오. 우선 오늘 저녁은 편히 주무시오!"

이튿날 아침, 주인은 젊은이를 데리고 개울로 갔습니다.

"두 다리를 펴고 이 모래 위에 누우시오!"

젊은이는 하라는 대로 했습니다. 그러자 주인은 기다란 대막대기에 물을 가득 채워 젊은이의 배 위에 올려놓았습니다.

"이 막대기를 배꼽 위에 똑바로 세우고 하루 종일 누워 계시오!"

저녁때가 될 때까지 젊은이는 누워 있었습니다. 그러고는 풀려나서 멀리로 보내졌습니다.

"당신은 이제 안심하고 가고 싶은 데로 가시오. 아무도 당신을 좇지는 않을 것이오."

그 후 젊은이는 계속 이곳 저곳을 돌아다녔는데, 정말 아무에게도 잡히지 않았습니다. 몇 년이 지난 후에 젊은이는 고향으로 돌아와 사람들이 자기를 죽은 것으로 믿고 있다는 말을 들었습니다. 즉 두 개의 막대기가 나타낸 시구는 이러했습니다.

그의 밑에는 흰 모래가 펼쳐져 있고
그의 위에는 남자 키의 세 배나 되는 깊은 물이 있다.

홍문(紅門)

 예전에는 임금님이 탁발(擢拔)된 백성들에게 홍문을 수여했습니다. 그것은 집만큼 높은 두 개의 기둥인데, 위에는 창(槍) 모양의 장식이 많이 있는 대들보 하나로 묶여져 있었습니다. 기둥 하나에는 탁발된 사람의 칭호와 이름이 새겨져 있고, 문 전체는 붉게 칠해져 있어서 사람들은 홍문이라고 불렀습니다. 이런 홍문 앞에서는 말을 타고 달려서도 안 되고 그 문을 통해 지나가서도 안 되었습니다.
 이 이야기의 주인공인 강부인이 언제 살았었는지는 확실치 않습니다. 사람들은 그저 그 여인이 살던 마을이 한국 서부의 어느 조용한 항구에 있었다고 했습니다.
 여인은 아주 아름다운 처녀여서 집이 가난했음에도 불구하고 많은 집에서 여인을 며느리로 삼고 싶어했습니다. 인근 마을의 어느 부잣집 아들이 그 처녀와 혼인할 수 있는 행운을 가졌습니다.
 그러나 그는 복을 누릴 운명이 못 되었던 것 같았습니다.

그가 바라던 결혼식을 올리기도 전에 커다란 불행이 그에게 닥쳐왔습니다. 그의 커다란 집은 도둑 떼에게 약탈당하고 불태워져 버렸습니다. 그때에 그의 부모들은 반신불수가 되고 그 자신은 눈이 멀게 되었습니다. 이렇게 집안이 일시에 몰락하여 결혼식은 생각조차 할 수 없게 되었습니다. 그럼에도 불구하고 신부는 그에게 와 그의 부인으로서 병든 시부모를 섬겼습니다.

강부인은 가족을 부양하기 위해서 쉬지 않고 일해야만 했습니다. 강부인은 밥을 짓고 빨래를 하고 씨를 뿌리고 곡식을 거둬들였습니다. 여름에는 김매러 가고 겨울에는 밤이 이슥하도록 베틀에 앉아 있었지만 한숨을 짓거나 자기의 기구한 운명을 한탄하는 일이 없었습니다.

강부인은 이렇게 몇 년을 살았습니다. 부모들은 돌아가고 아이들이 태어났습니다. 그러나 부인은 여전히 일을 하여 남편이 필요한 모든 것을 가질 수 있도록 하였습니다. 다만 시력만은 남편에게 선사할 수 없었습니다.

그러나 남편은 부인에게 자기가 부인을 보며 부인이 얼마나 아름답고 또 얼마나 열심히 일하는가를 본다고 말했습니다.

"아, 여보, 난 당신이 어떻게 하고 베틀에 앉아 있나를 보오."

하고 남편은 어느 날 저녁 웃으면서 말했습니다.

그러나 이 순간에 부인은 그 옆에 서 있었습니다. 부인은 얼른 소리없이 베틀에 앉았습니다.

"당신이 북을 손에 들고 있는 것이 보이오."

하고 남편이 말했습니다.
 부인은 얼른 북을 손에 들고 베를 짰습니다.
 밖에 거지 한 사람이 서서 부인에게 하룻밤 묵어가게 해달라고 청했습니다. 부인은 그의 청을 들어주었습니다. 그러나 그는 온 밤을 그곳에 머물지는 않았습니다. 자정이 지나자 그는 다시 떠나갔습니다. 그는 여행하기에 바빴습니다. 그는 이 마을에서 저 마을로 돌아다니며 나라의 아무 곳에서도 부당한 일이 일어나지 않나 살펴보았습니다. 그는 관리들의 소행을 조사하고 선량한 사람들을 역경에서 구하라는 사명을 띤, 임금님이 비밀리에 내보낸 정직한 어사였습니다. 어사는 임금님에게 눈먼 남자의 충절한 부인에 대해 보고했습니다.
 강부인이 사는 마을, 가난한 오막살이 근처에 탁발된 사람들만이 임금님의 하사물로 받는 홍문이 세워졌을 때는 강부인은 아직도 젊은 삼십 전의 부인이었습니다.
 부모를 위하여 희생한 남자의 집 앞이나 남편을 위하여 희생한 여인의 집 앞에 이와 같은 문이 세워졌습니다. 이런 효자나 열녀나 임금님 자신 외에는 아무도 홍문을 통해 다녀서는 안 되었습니다. 홍문 앞에, 그리고 부인의 집 주위에 많은 사람들이 원근에서 모여들었습니다. 젊은 부인은 무서운 생각이 들어 남편에게로 달아났습니다.
 "하늘이 당신의 원을 들어준 것이오. 내가 당신의 충절한 마음을 눈 없이도 보듯이 하늘도 당신의 충절한 마음을 보았소. 자, 오시오. 내가 당신을 당신의 홍문으로 인도하겠소. 그리고 당신이 어떻게 홍문을 통해 걸어가는가 하는 것을 보아야 하겠소"

하고 남편이 말했습니다.
　그러자 부인은 남편과 함께 집을 나가 조용히 홍문을 통해 지나가 귀한 손님인 임금님을 영접했습니다.

상중(喪中)의 고양이

어느 마음씨 좋은 바깥 주인이 앓아 눕게 되었습니다. 의사는 천 마리의 쥐의 간을 먹으면 낫는다고 했습니다. 그런데 갑자기 어디서 천 마리나 되는 쥐를 잡아 간을 가져오겠습니까?
온 가족이 근심 속에서 지낼 때, 이 집에서 기르는 고양이가 살그머니 방에서 나가 머리에 흰 수건을 매고 곳간에 있는 쥐구멍 앞에 앉아 쥐가 나오기를 기다렸습니다.
늙은 쥐 한 마리가 아무 생각 없이 구멍에서 나와 고양이를 보고는 무서워 벌벌 떨었습니다.
"그렇게 겁내지 말고 나를 자세히 보란 말야!"
하고 고양이는 쥐를 나무랐습니다.
벌벌 떨던 쥐는 흰 수건에 눈길이 갔습니다.
"오, 상을 당하셨군요."
하고 쥐는 동정 어린 소리로 말했습니다.
고양이는,

상중의 고양이

"그래, 나는 상중이야. 어제 우리 할머니가 돌아가셨단다. 그래서 나는 슬프기 한이 없단다."
하고 말했습니다.
"참 안됐군요. 너무나 무서운 나머지 머리의 흰 수건을 미처 보지 못했어요. 용서하세요."
"나에게 조의를 표하니 됐다. 안심하고 네 갈 길을 가거라. 그리고 네 친척들한테 가서 말하거라, 그들이 내게 조문을 오지 않아 내가 모욕감을 느낀다고."
쥐는 대답하고 감지덕지해서 달아났습니다. 몇 시간 후에 정말로 어린 쥐 한 마리가 기어나와 떨며 고양이 앞에 앉아 조의를 표했습니다.
"뭐라고 드릴 말씀이 없습니다."
"좋아, 그것으로 충분해! 네 모든 친척들에게 가서 그들이 내게 한 번도 조문을 오지 않아 내가 모욕감을 느낀다고 말하거라."
하고 고양이가 말했습니다.
"그렇게 하겠어요."
어린 쥐는 대답하고 가버렸습니다.
이윽고 많은 쥐들이 차례로 나와 고양이에게 조의를 표했습니다.
고양이는,
"여기 이렇게 줄곧 앉아 너희들의 조문을 기다리기란 참 힘든 일이구나. 너희들 친척들이 한꺼번에 와서 공동으로 조의를 표하게 할 수는 없겠니?"
하고 쥐들에게 물었습니다.

쥐들은 고양이에게 그렇게 하기로 약속했습니다. 그리고 며칠이 지나자 정말로 모든 쥐들이 곳간으로 모여들었습니다. 고양이가 보니 이젠 천 마리도 넘는 쥐들이 모여 있었습니다. 고양이는 드디어 쥐들에게 이렇게 말했습니다.

"자, 이제 너희들 전부가 모였니? 내 말을 잘 듣거라! 나는 상을 당한 것이 아니라, 너희들을 꾀어 오기 위해서 그렇게 한 것뿐이다. 왜냐하면 이 집 바깥 주인이 병이 들었는데 낫기 위해서는 천 마리의 쥐 간이 필요하기 때문이지."

고양이는 단숨에 뛰어서 쥐구멍을 막고는 그 중 천 마리를 죽여 그들의 간을 앓는 이에게 갖다 주었습니다.

주인은 그것을 먹고 건강해졌습니다.

월매와 악독한 계모

강화(江華)섬에 월매라고 하는 아름다운 소녀가 양친과 함께 아주 행복스럽게 살았습니다. 그러나 어머니가 일찍이 돌아가고 계모가 들어오자 계모는 월매를 달갑게 여기지 않았습니다. 계모는 그 어린 소녀를 밤낮으로 부려먹었지요. 월매는 매일 밥을 짓고 개울에서 빨래를 하고 아침 저녁으로 방을 쓸고 뜰을 쓸어냈습니다. 그런데도 계모는 만족해하지 않았습니다.

"오늘 음식은 마치 쓸개처럼 쓰구나."

라든지

"빨래가 전혀 깨끗하지 않다."

고 계모는 가끔 투덜거렸습니다. 계모는 항상 월매를 꾸짖고 또 월매의 아버지에게 일러바쳤습니다. 그러면 부인을 무엇보다도 사랑하는 아버지는 화가 나서 딸을 마구 때렸답니다.

"내 그애의 행실을 더 바르게 고쳐 놓겠소"

하고 아버지는 불만스러워하는 부인에게 맹세했습니다.

가엾은 소녀는 심한 매를 맞고 밤새도록 울다가 이튿날 아침에는 또 일찍 일어나지 않는다고 다시 계모의 꾸지람을 들었습니다. 월매가 일어나서 방을 나가려 하면 어느새 아버지가 몽둥이를 들고 문 앞에 서서 벌을 주었습니다.

월매는 이제 밤에도 일을 하고 닭이 울면 벌써 일어나곤 했습니다. 늦잠 들지 않기 위해서였죠. 이렇게 일을 하고도 월매는 아침 저녁으로 겨우 한줌의 수수밥밖에는 얻어먹지 못했습니다. 그러자 계모도 어느 정도 만족해하고 아버지도 흐뭇해했습니다. 그러나 어느 날 부인은 남편에게 이렇게 말했습니다.

"당신 딸은 이젠 제법 부지런히 일을 하는데 목소리가 어쩌면 그렇게 흉하우. 당신 딸을 벙어리로 만들 수는 없겠수?"

아버지는 시내에 가서 독약을 사다가 딸에게 마시라고 주었습니다. 월매는 그것이 무엇인지도 모르고 마셔버렸습니다. 그랬더니 밤새도록 기침을 하고 가슴이 찢어지는 듯 아팠습니다. 이튿날 아침 일찍 월매는 아버지에게 가서 다른 약을 달래려고 하였으나 말을 할 수가 없었습니다. 속삭이는 듯한 소리조차도 목구멍에서 나오지 않았습니다. 월매는 혼자서 슬피 울고, 한편 계모는 자신의 소원이 이루어지자 기뻐서 날뛰었습니다.

월매는 이제 말없이 일만 하였습니다. 계모가 그 이상 꾸짖지 않고 아버지가 만족해하는 것만이 기뻤습니다. 그러나 이런 생활이 오래 계속되지는 않았습니다. 어느 땐가 부인은 남편에게 또,

"아, 당신 딸의 눈길이 어쩌면 그렇게도 보기 싫우. 늘 우리 음식을 곁눈질해 보는구료. 그 눈을 못 보게 할 수는 없수?"
하고 말했습니다.
"그애가 장님이 되면 일을 할 수 없을 게 아니오."
하고 아버지가 대답했습니다.
그러자 부인이 이렇게 대꾸했습니다.
"아직도 두 손은 멀쩡히 있으니 손으로 일을 할 수 있을 게 아니우!"
아버지는 시내에 가서 또 독약을 사다가 월매에게 마시라고 주었습니다. 월매는 곧 두 눈에 심한 통증을 느끼고 한없이 눈물이 쏟아져나왔습니다. 두 손으로 아무리 눈을 비볐으나 점점 모든 것이 희미해 보였습니다. 그러더니 드디어 두 눈을 가려버린 듯 주위가 캄캄해졌습니다. 미친 개마냥 월매는 땅바닥에 뒹굴고, 한편 계모는 고소한 웃음을 웃으며 덩실덩실 춤을 추었습니다.
아주 심한 통증이 두 눈에서 채 가시기도 전에 월매는 또 일을 해야만 했습니다. 월매는 이제 이곳에서 저곳으로 가려면 두 손으로 더듬으며 가야만 했습니다. 그리고 아버지가 몽둥이로 때려도 피할 수가 없었습니다. 왜냐하면 아버지가 어디 서 있는지 보지를 못하니까요.
월매가 이곳 저곳을 두 손으로 더듬거리며 다니고 밥그릇을 더듬어 숟갈질을 하거나 또 저녁이면 방으로 더듬거리며 들어갈 때마다 계모는 깔깔거리며 웃었습니다.
"당신 딸을 좀 보슈. 마치 고양이처럼 살금살금 기는구려.

난 이제 기어다니는 계집애를 더 이상 볼 수가 없으니 그 계집애를 집에서 내쫓아버려요!"
하고 계모는 남편에게 말했습니다.
 "그렇지만 그애는 눈도 멀고 말도 못하니 빌어먹지도 못하고 일도 못할 게 아니오."
하고 아버지가 말했습니다.
 아버지는 전에는 그렇게도 예뻐하고 행복스럽게 살던 딸이 이젠 눈이 멀고 벙어리가 된 것을 볼 적마다 약간 측은한 생각이 들었습니다.
 "그 계집애를 호랑이 굴 속에 처넣으면 되지 않우. 호랑이가 그 계집애를 잡아먹으면 말도 못하고 보지도 못하는 그 추한 계집애를 다시는 보지 않을 게 아니우."
하고 계모가 대들었습니다.
 아버지가 선뜻 그렇게 하기를 주저하자, 계모는 초조해서,
 "만일 당신이 오늘 중으로 그렇게 하지 않으면 나는 오늘 밤으로 당신의 전마누라가 낳은 추한 계집애 때문에 분통이 터져 죽을 거유."
하고 소리질렀습니다.
 그래서 아버지는 월매를 산 속으로 끌고 들어갔습니다. 월매는 아버지에게 꽉 매달려 더 가려 하지 않았습니다. 월매는 자기에게 불길한 일이 있음을 알아차렸습니다. 아버지가 자기를 죽이려 하는 거라는 무서운 생각이 들었습니다. 월매는 아버지에게 동정을 구하고 싶었으나 말도 할 수 없었고 또 도망갈 힘도 없었습니다. 그때 아버지가 이렇게 말했습니다.

"넌 순순히 내가 데리고 가는 대로 따라와야만 한다. 나는 네 계모가 원하는 대로 너를 호랑이 굴 속에 처넣을 수밖에 없어."

그러자 월매는 죽도록 무서운 생각이 들었습니다. 그러나 월매는 질질 끌려 갈 뿐 어떻게 할 도리가 없었습니다.

아버지는 월매를 호랑이 굴 속에 처넣고는 한 마디 말도 없이 가버렸습니다. 그는 부인이 이제 만족해할 거라고 생각하니 그저 기쁘기만 했습니다.

얼마나 지났을까, 월매가 기절에서 깨어나 제정신이 들었을 때는 아주 아름다운 꽃향기에 싸여 있었습니다. 그리고 차고 딱딱한 땅 위에 누워 있는 것이 아니라 보드라운 비단 금침에 누워 있었습니다. 사람들이 웅성거리는 소리도 들렸습니다.

월매가 움직이며 두 손으로 주위를 더듬자 여러 음성이 속삭였습니다. 월매에게는 모든 것이 이상스러웠습니다. 월매는 자기가 어디에 있는지 물어보고 또 보고 싶었습니다. 그러자 갑자기 조용해지며 누가 월매의 금침 곁으로 다가와서 이렇게 말했습니다.

"놀라지 말아라, 착한 아이야! 우리가 너를 호랑이 굴에서 데려왔단다. 하느님이 너를 이리로 데려다가 보살피라고 내게 명령하셨기 때문이지. 하느님으로부터 너를 데려다 장차 우리 나라를 다스리게 될 내 외아들의 배필로 삼으라는 명령을 받았단다. 비록 네가 말 못하고 보지를 못한다 해도 너는 우리 나라에서 제일 아름다운 아이구나. 그리고 우리 아들이 너와 더불어 행복하게 될 거다."

월매에게 이렇게 부드럽게 말한 사람은 바로 이 나라의 임금님이었습니다. 월매는 뭐가 뭔지 도무지 알 수가 없었습니다. 월매의 심장은 이 커다란 운명 앞에 한없이 뛰었고 또 몹시 무서웠습니다.

이윽고 궁중의 시녀들이 와서 월매를 보살폈습니다. 며칠 후에 월매는 건강해지고 어찌나 아름다운지 모든 사람들이 와서 월매를 보려고 하였습니다.

다만 왕자님만이 월매에게 오지 않았습니다. 그도 그럴 것이 왕자님은 눈이 멀지 않고 예쁜 목소리를 가진 부인을 맞고 싶어했으니까요. 왕자님은 아주 미남으로서 자기 마음에 맞는 부인을 스스로 고르려고 했습니다. 그러나 임금님은 왕자님에게 하느님이 정해 준 것 외에 다른 것은 못하게 금했습니다.

49일이 지난 후에야 비로소 왕자님은 아버지 앞에 나타나 "이제 저는 눈 멀고 말 못 하는 부인을 맞아야 하는 고통을 극복했습니다. 하느님이 저에게 보내신 그 가엾은 아이를 사랑하겠습니다."
하고 말했습니다.

임금님은 왕자님을 신부에게로 이끌었습니다. 그들은 신부 방에 들어서자 그 자리에 멈춰서서 감히 월매에게 가까이 가지를 못했습니다. 월매의 얼굴에는 두 개의 아름다운 눈이 마치 샛별처럼 빛났습니다. 월매는 일어나서 임금님 앞에 큰 절을 하고,

"저는 방금 다시 볼 수 있게 되었습니다."
하고 부드럽고 아름다운 목소리로 말했습니다.

드디어 나라에서 가장 아름다운 이 두 사람은 행복스런 부부가 되어 방방곡곡을 돌아다녔습니다. 그들은 가는 곳마다 잔치를 베풀어 계모를 가진 아이들을 모두 초대했습니다. 계모들은 전실 자식을 친자식같이 사랑했습니다. 왜냐하면 전실 자식이 옷, 소, 닭, 전답 등 많은 선물을 받아와 그 덕으로 한평생을 잘 지낼 수 있었기 때문입니다.

월매의 계모만은 전실 자식이 없으므로 왕자님에게 갈 수가 없었습니다. 그제야 계모는 월매를 호랑이 굴 속에 버린 것을 후회했습니다. 그리고 어쩌면 자기의 친자식을 호랑이에게 내줄 수 있었느냐고 오히려 남편을 비난했습니다.

"나는 당신이 행복해지라고 그렇게 한 것뿐이오."

남편은 말하고 슬퍼했습니다. 두 사람은 그래도 마음씨 좋은 왕자님에게 가서 그들의 운명을 한탄했습니다.

"우리는 아주 사랑스런 전실 자식이 있었는데 그만 호랑이한테 먹혀버렸어요. 우리는 그애를 무척 사랑했답니다. 잃어버린 딸에 대해 슬퍼함을 생각해서서 우리에게도 많은 선물을 내려 주십시오."

그러자 왕자님은 이 여자야말로 자기의 사랑하는 부인의 계모라는 것을 알았습니다. 왕자님은 월매를 불러오게 했습니다. 월매는 선녀같이 아름답게 단장을 하고 나타났습니다.

"저 여자를 보시오! 나는 당신들을 위로할 필요가 없소. 왜냐하면 당신의 전실 자식은 당신들의 말과 같이 호랑이게게 먹혀버린 것이 아니라 나의 부인으로 나라에서 사랑받는 공주가 되었기 때문이오."

하고 왕자님이 말했습니다.

두 사람은 공주를 보자 놀람과 부끄러움으로 죽은 사람처럼 창백하게 되었습니다. 그들은 그들의 잘못을 뉘우치며 공주에게 용서를 빌었습니다.

마음씨 착한 월매는 그들에게도 다른 사람에게와 똑같이 많은 것을 선사했습니다.

남산이

옛날 서울의 남산 밑에 어느 가난한 여인이 하나 살고 있었습니다. 그 여인의 집은 커다란 바위를 의지해서 지은 아주 조그마한 오막살이로 비스듬히 지어진 초가 지붕 밑으로는 방 한 칸과 부엌 하나가 있을 뿐이었습니다. 이 오막살이에서 여인은 매일 아침 해가 떠오르기 전에 나와서 나물을 캐다가 시장에 가서 팔았습니다. 온종일을 시장에 앉아서 살 사람을 기다리곤 했지요.

가끔 여인은 겨우 저녁때가 되어서 약간의 쌀과 채소를 사 가지고 돌아와서 밥을 지었습니다. 그러면 밥짓는 연기가 흥겨운 듯 오막살이로부터 바위 위를 타고 맑은 대기 속으로 피어올랐습니다. 이것이 밖에서 놀고 있던 여인의 외아들인 조그마한 소년에게는 아주 유쾌한 어머니의 부름이었습니다. 소년은 연기를 보기만 하면 곧 장난을 중지하고 빨리 오막살이로 달려가 밥과 반찬을 맛있게 먹었습니다.

그러나 매일 저녁 밥짓는 연기가 오막살이에서 나는 것은

아니었습니다. 소년은 놀이터에서 높은 바위를 쳐다보곤 했지만 연기가 나지 않는 날도 가끔 있었습니다. 그러면 소년은 어머니가 아무것도 팔지 못해 밥 지을 쌀을 사오지 못했다는 것을 알았습니다.

소년은 허리띠를 더 졸라매고 어두워질 때까지 돌장난, 흙장난을 계속했습니다. 그러고는 천천히 오막살이로 들어와 이불 속으로 기어들어 잠들어 버렸습니다. 소년이 잠이 들면 어머니는 이불 속으로 손을 넣어 소년의 배가 홀쭉해졌나를 살펴보았습니다.

몇 해가 유수와 같이 흘러갔습니다. 남산이라는 소년은 자라서 아름다운 젊은이가 되었습니다. 어머니의 근심은 점점 더 커갔습니다. 다 해진 저고리와 더러워진 바지 차림의 남산이는 아무에게도 인정을 받지 못했습니다. 아무 곳에서도 그는 돈을 벌 수가 없었습니다. 모든 사람들이 그를 거지나 도둑으로 생각하여 근처에도 오지 못하게 했습니다.

"전 집을 떠나겠습니다. 전 이제 다 자랐어요. 더 이상 어머니가 벌어 오시는 밥을 먹을 수가 없어요. 제가 다시 돌아올 때는 어머니께서 다시는 시장에 가시지 않도록 금과 은을 많이 가지고 오겠습니다."

이렇게 해서 남산이는 오막살이에 어머니를 남겨 둔 채 돈을 벌러 떠났습니다. 어깨에는 조그마한 괴나리봇짐을 메고, 손에는 대막대기를 들고 각반에 짚신 차림으로 걸음을 북쪽으로 옮겼습니다. 이것이 어느 청명한 가을 날 아침의 일이었습니다.

도처마다 밥짓는 연기가 지붕으로 피어오르고 그 밑에서

는 사람들이 아침 식탁에 둘러앉아 있었습니다. 그러나 그의 어머니는 또다시 굶주린 배를 안고 나물을 캐러 가야만 했겠지요! 남산이는 돌아서서 바위와 조그마한 오막살이를 바라보았습니다. 그의 눈에서는 뜨거운 눈물이 흘렀습니다.

"가엾은 어머니, 부디 안녕히 계세요!"

푸른 하늘이 넓은 고양(高陽) 계곡 위로 펼쳐져 있고, 삼각산으로부턴 시냇물이 졸졸 흘러 내를 이루어 한강으로 흘러 들어갔습니다.

"잘들 있거라!"

남산이는 말하고 계속 북쪽을 향해 걸어갔습니다. 기러기 떼가 허공에서 울면서 남산이가 가는 쪽으로 날아갔습니다.

"먼저들 가거라, 내가 뒤따라갈게. 나는 사람이니 지상을 떠날 수가 없단다."

그는 곧 고향 산천을 등지고 걸었습니다.

얼마쯤 갔을까, 그는 다리가 아파서 큰 소나무 밑에 앉아 쉬었습니다. 해는 어느덧 서산에 지고 한기가 그의 얇은 저고리 속으로 스며들었습니다. 그러더니 얼마 안 있어 주위가 어두워졌습니다. 그는 일어나서 계속 걸어갔습니다. 수풀 속에서는 도깨비불이 번쩍거리고 깊은 산으로부터는 여우들의 상서롭지 않은 울음소리가 들려왔습니다. 그는 좁다란 길을 계속 걸어갔습니다.

이윽고 산기슭의 어느 외딴집 앞에 이르러 그는 문을 두드렸습니다.

"가난한 나그네가 하룻밤 댁에서 묵어가려고 하니 문 좀 열어 주십시오. 하늘이 무심치 않을 겁니다."

그러자 집 안에서 여인의 목소리가 들려왔습니다.
"사랑방이 비어 있으니 들어가서 내일 아침 길 떠날 수 있을 때까지 주무십시오!"
이튿날 아침, 남산이는 여주인에게 고맙다는 인사를 하려다 주인이 장님인 것을 보고는 그만 슬퍼지고 말았습니다. 주인은 천천히 더듬거리며 부엌에서 나왔습니다.
주인은 남산이에게,
"내가 눈이 멀었다고 슬퍼하지 말아요. 나는 당신보다 더 잘 본답니다. 나는 당신의 갈 길을 어느 누구보다도 더 잘 압니다. 오늘은 계속 북쪽으로 걸어가십시오. 당신은 아주 좋은 사람이기 때문에 커다란 행운이 당신을 기다리고 있습니다."
하고 말했습니다.
남산이는 정오가 지날 때까지 계속 걸었습니다. 계곡은 점점 좁아지고 높은 산들은 점점 더 서로 맞붙을 듯이 다가와 한 줄기 좁다란 하늘만이 보일 정도였습니다. 길은 점점 험한 산기슭으로 꺾여 들어가고 가끔 깎아지른 듯한 낭떠러지를 따라 구불구불 나 있었습니다. 그는 무척 외로웠습니다. 근처에 인가라곤 하나도 없고 높다란 바윗봉만이 그를 점점 에워쌌습니다.
비가 오기 시작하자 그는 슬퍼졌습니다. 추위와 굶주림에 떨며 어느 불쑥 튀어나온 돌 밑에 서서 비를 피하고 있었습니다. 그때 그곳에 아름다운 처녀 하나가 서 있는 것을 보고 무척 기뻤습니다.
"저 아가씨, 한 가지 청이 있는데."

하고 그는 처녀에게 말을 걸었습니다.
"저는 가난한 나그네로 오늘 밤 묵을 곳을 찾고 있답니다. 아가씨 댁이 이 근처에 있습니까?"
"네, 이 근처에 있어요. 만일 저와 함께 가신다면 제가 마음씨 좋은 우리 여주인께로 당신을 인도하지요."
그래서 남산이는 저녁 무렵에 처녀와 함께 갔습니다. 둘이는 점점 더 깊이 산 속으로 들어갔습니다. 그러자 멀리에서 백여 개의 환한 창문이 달린 아주 커다란 집이 나타났습니다. 이 집은 성(城)보다도 더 큰 대궐이었습니다. 그는 처녀를 따라갈 용기가 나지 않아서 대문 밖에 그냥 서 있었습니다.
"어서 들어오세요. 이제 겨우 첫번째 문인 걸요!"
그는 불안한 마음으로 머뭇머뭇 처녀를 따라갔습니다. 그들은 여러 개의 연못 사이로 나 있는 넓은 길을 지나 두 번째 문에 이르렀습니다. 이 문 뒤로는 좌우 양편에 수많은 방들이 있는 커다란 집들이 있었습니다.
"이것은 모두 하인들을 위한 방이랍니다. 여기에 백 명의 남자 하인과 백 명의 하녀들이 살고 있지요."
"이것은 보물이 들어 있는 방들입니다."
하고 처녀가 설명했습니다.
남산이는 점점 더 불안해졌습니다. 그러나 처녀는 그에게 겁을 집어먹지 말라고 말했습니다. 그래서 그는 또 네 번째 문을 통해 들어갔습니다. 이 문 뒤로는 또 더 크고 더 아름다운 집들이 있었습니다.
"불빛이 밝은 저 방들은 무엇인가요?"

하고 남산이가 물었습니다.

"저것이 사랑방인데 모두 비어 있어요. 우리 여주인께선 오늘 당신을 영접하게 되면 무척 기뻐하실 거예요."

그러나 남산이는 이렇게 말했습니다.

"저는 가난한 나그네에 불과합니다. 빈 괴나리봇짐과 대막대기 외에는 아무것도 가진 것이 없습니다. 이런 사람이 이런 성에 들어오는 것은 어울리지도 않아요."

"당신은 아주 겸손하시군요. 그렇기 때문에 당신은 더욱 우리 여주인께 대접을 받으실 거예요."

처녀는 말하고 그를 첫 번째 아름다운 사랑방으로 안내했습니다.

곧 이어 남자 하인들이 와서 그를 목욕탕으로 안내했습니다. 하녀들은 서둘러 그에게 비단옷을 가져왔습니다. 그러고는 곧 아주 희귀하고 값진 음식들을 한 상 가득히 받았는데 그는 그 이름조차도 모를 음식들이었습니다.

남자 하인들이 상을 내가고 난 후 그가 비단으로 된 벽이며 진주로 된 발이 걸린 아름다운 방에 놀람을 금치 못하고 있을 때에 여주인이 여러 명의 시녀들을 동반하고 나타났습니다.

"이렇게 찾아주셔서 고맙습니다!"

남산이는 정중히 허리를 굽혔으나 아무 말도 할 수가 없었습니다. 여인의 자태가 어찌나 아름답고 고상한지 그는 감히 여인을 쳐다볼 용기가 없었습니다. 한참 후 그는 드디어 이렇게 말했습니다.

"여기는 아마도 신선들이 사는 세계인 것 같습니다. 이렇

게 보잘것없는 나그네가 당신댁에 감히 들어온 것을 용서하
십시오."
"저는 이 외딴 산 속에 홀로 살고 있답니다. 사람에게 필
요한 모든 것을 다 갖고 있어요. 당신은 저의 귀한 손님이니
계시고 싶을 때까지 제 집에 계십시오!"
하고 여인은 말하고 돌아갔습니다.
 이제 남산이는 백 명의 남자 하인과 백 명의 하녀들의 시
중을 받으며 살았습니다. 그는 말을 타고 산 속을 다니며 매
사냥을 하고 또 활 쏘는 연습도 했습니다. 그가 성으로 돌아
오면 최고로 아름다운 음악이 그를 영접했습니다. 그런데도
그는 마음이 편치가 않았습니다. 그의 늙으신 어머니가 매일
아침 나물을 캐러 다니신다는 생각 때문이었죠.
 "걱정이 있으시면 다 말씀하세요. 저는 당신의 모든 근심
을 없애고 당신의 행복한 모습을 보고 싶습니다."
하고 어느 날 여주인이 말했습니다.
 "저는 서울의 남산 밑에 늙으신 어머니 한 분을 모시고 있
었습니다. 그런데 어머니는 너무나 가난해서 매일 아침 시장
으로 나물을 팔러 가셔야만 합니다."
 "오늘 중으로 당신 어머니께 열 필의 말에다 금을 잔뜩 실
려 보내겠습니다. 그러면 당신 어머니께서 편히 지내실 수
있을 겁니다."
 이 날부터 남산이는 한숨 쉬는 일이 없어졌습니다. 태양은
전보다 더 따뜻하게 빛나고 달은 아름다운 꿈 속에서보다 더
아름답게 보였습니다. 시냇물은 노래 부르듯 졸졸 흐르고 산
에는 아름다운 꽃들이 만발했습니다.

남산이 151

남산이는 밤낮으로 어찌나 즐거운 생활을 했는지 바깥 세상의 모든 일은 잊어버렸습니다. 그는 연못의 배에서 꿈을 꾸고 가장 즐거운 음악을 연주했습니다. 겨울이 된 것도, 눈이 오는 것도, 잎사귀 떨어진 나무와 산들이 눈에 덮인 것도, 또 꿩들이 배고파 우는 것도, 노루들이 나무 뿌리를 쑤시는 것도 알지 못했습니다.

깊이 쌓였던 눈이 다 녹아 없어지고 시내와 강물이 넘쳐나고, 뻐꾸기가 다시 울고 진달래가 다시 피고, 나비가 공중에서 날고 벌들이 윙윙거렸지만 이 모든 것을 그는 알아차리지 못했습니다. 구름이 덮이고 비가 오더니 산천 초목이 우거졌습니다.

그러자 남산이는 갑자기 또 슬퍼졌습니다.

"귀하신 손님이여, 모든 것이 당신 것입니다. 모든 방이 금은 보석으로 가득 찼고, 준마와 가라말〔黑馬〕은 당신을 천 리라도 태워 갈 수 있습니다. 저의 모든 하인들도 당신에게 예속돼 있습니다. 그런데 또 무엇이 부족한 것이 있습니까?"

"그 모든 것이 내게 무슨 소용이 있겠습니까? 태양은 내 옷자락 위에 따뜻하게 비치고, 내가 노니는 연못의 물은 맑고, 내가 거니는 잔디밭은 푸르지만 나는 꽃을 찾을 수 없는 불행한 나비에 지나지 않습니다."

"저는 당신의 날개가 지치면 찾아오실 수 있는 당신의 꽃입니다."

그러자 남산이는 선녀같이 아름다운 여인을 두 팔로 껴안았습니다.

이제 남산이는 이 세상의 어느 누구보다도 행복했습니다.

그는 그 여인과 결혼하여 이 성의 주인이 되었습니다. 세상에서 가장 아름다운 부인이 그의 머리를 쓰다듬고 입술을 맞추고 그를 껴안으며 뱃놀이도 같이 하고 사냥도 같이 다녔습니다. 부인은 그에게 모든 방의 열쇠를 주고 전 성 안의 보물들을 보여주었습니다.

남산이는 어머니를 모시러 말을 타고 서울로 달렸습니다. 어머니는 이런 호화스러움을 보시고, 세상에서 가장 아름다운 며느리를 보시고, 또 아들 집의 가장 호화스런 방을 차지하셔야 했습니다.

남산이는 서울 한복판의 아주 아름다운 집에서 어머니를 보았습니다. 행복스런 어머니는 대문까지 나와서 아들을 맞이했습니다. 남산이는 어머니에게 그의 선녀같이 아름다운 부인에 대해서 얘기하고 곧 말을 타고 그와 함께 가실 것을 청했습니다.

"그렇지만 벌써 오래 전에 너를 위해 꾸며 놓은 아름다운 방에서 하룻밤만이라도 자고 가거라."

어머니는 말하고 그를 집 안으로 이끌었습니다.

이튿날 아침, 하인이 들어와 어떤 노인 하나가 주인을 보고 싶어한다고 알렸습니다. 남산이는 허리를 굽혀 점잖은 손님을 맞이했습니다. 근엄한 얼굴에는 기다란 수염이 나 있고 백발의 머리에는 높은 선비의 갓을 쓰고 있었습니다.

"나는 자네를 구하러 왔네."

손님은 자리를 잡고 난 후 이렇게 말했습니다.

"자네는 아주 훌륭한 사람으로 하늘이 아끼는 사람일세."

남산이는 또다시 허리를 굽혔습니다.

"자네를 유혹한 여인은 실은 백년 묵은 지네라네. 지네가 그렇게 늙어서 지금은 사람으로 둔갑을 했다네. 만일 자네가 그 지네를 적당한 시기에 죽이지 않으면 자네가 며칠 내로 그 지네한테 죽을 걸세."

남산이는 죽도록 깜짝 놀랐습니다.

"그렇게 보잘것없는 버러지가 어떻게 그렇게 선녀같이 아름다운 여인으로 둔갑합니까?"

남산이는 벌벌 떨며 물었습니다.

"만일 자네가 나를 믿지 못하겠으면 자네 스스로 그 여인이 어떻게 다시 지네로 둔갑하는가를 보게나. 오늘 중으로 다시 돌아가서 여인의 방으로 들어가 장롱 뒤에 감춰져 있는 문을 열고 목욕탕을 들여다보게. 그러면 자네는 지네가 목욕하고 있는 것을 볼 수 있을 걸세."

이 말을 한 후 노인은 방에서 나가더니 나는 듯 집에서 사라졌습니다.

남산이는 시내에서 독약을 사 가지고 산 속으로 달려 저녁 때쯤 부인의 방으로 들어갔습니다. 노인이 말했듯이 그는 숨겨져 있는 문을 발견하고 그 문을 열었습니다. 아, 그 얼마나 놀라운 일이겠습니까! 그의 앞엔 그가 아직 본 일이 없는 커다란 연못이 펼쳐져 있었습니다.

연못 물이 마치 끓듯이 출렁거리더니 끝없이 기다란 지네 한 마리가 나왔는데 발 하나가 팔만큼이나 굵었습니다. 머리 끝에는 두 개의 사람의 눈이 있어 그를 무섭게 노려보고 있었습니다. 그는 재빨리 문을 다시 닫아버렸습니다.

저녁이 되자 부인이 그에게로 들어왔습니다. 그 아름다운 얼굴은 백묵처럼 창백해졌습니다. 두 팔은 힘없이 늘어지고 입은 떨렸으며 부드러운 눈에서는 눈물이 흘렀습니다.
"에이, 더러운 버러지야!"
그는 부인을 욕하고 주머니에서 독약을 꺼냈습니다.
부인은 점점 더 슬퍼하며 화석같이 그의 앞에 서 있었습니다. 그는 부인에게 독약을 주고 마시라고 명령했습니다. 부인은 부들부들 떨며 잔을 받고 그를 쳐다보았습니다. 그러자 그는 독약을 다시 빼앗아 쏟아버렸습니다.
"아니, 당신이 죽는 것을 보기보다는 차라리 내가 당신의 독으로 죽어야겠소. 당신은 우리 어머니에게 그렇게 많은 것을 선사했고 내게는 가장 아름다운 삶을 주었소."
그는 부인을 껴안고 입을 맞췄습니다.
마치 구름이 바람에 흩어지듯 부인의 얼굴에선 슬픈 기색이 가셨습니다. 그리고 행복에 겨워 웃었습니다.
"네, 저는 지네예요. 하늘 나라에서 죄를 지어 백년 동안 지네로 살라는 벌을 받았지요. 그렇지만 당신은 지금 저를 사랑으로 구원하셨어요. 당신에게 왔던 그 남자는 커다란 뱀으로 저주받은 저의 오빠랍니다. 내일 저의 오빠는 뱀의 몸을 면치 못한 채 죽을 겁니다. 왜냐하면 아무도 그를 구원해 주지 않았기 때문이죠. 오빠는 저의 행복을 질투한 나머지 당신으로 하여금 저를 죽이려고 했지요."
이래서 남산이는 아름다운 부인과 함께 어머니에게로 왔습니다. 거기서 그들은 그날 커다란 뱀 한 마리가 서울 북악산 밑에서 죽은 채로 발견됐다는 말을 들었습니다.
남산이는 이제 아름다운 부인과 함께 아주 행복하게 살았습니다. 백 명의 남자 하인과 백 명의 하녀들은 그들과 또 그들의 일곱 자녀가 죽을 때까지 시중을 들었답니다.

그믐날 저녁의 도둑

한 해가 또다시 저물었습니다. 집집마다 일년 중 제일 큰 명절인 설차림을 하느라고 술을 담고 떡을 하고 맛있는 음식을 만들었습니다. 시내의 상점들은 오늘 자정까지 열려 있어 누구든지 아이들을 위해 무엇이든 살 수 있었습니다. 거리 거리에는 남녀 할 것 없이 사람들로 꽉 찼습니다. 그들은 이 상점에서 저 상점으로 돌아다니며 물건을 샀고, 한편 아이들은 집에서 초조하게 설날을 기다렸습니다.

하인과 하녀들은 집을 청소하고 그릇을 닦았습니다. 집집마다 모든 것을 정월 초하루 전에 깨끗하게 끝내 놓으려고 일하기에 정신없었습니다.

그런데 어느 오막살이에서만은 아무것도 하지 않고 있었습니다. 아직 저녁이 그리 늦지도 않았는데 다섯 아이들과 어머니는 벌써 잠자리에 들었습니다. 그들은 굶주림과 추위에 지쳐 있었습니다. 하루 종일 아무것도 먹지 못했고 일곱 식구가 사는 방 한 칸에는 불도 때지 못한 채였습니다.

그러나 아버지는 아직도 조그마한 등잔에 심지를 돋우고 앉아 있었습니다. 그는 짚신 만드는 사람으로 오늘 겨우 삼십 전을 벌어 왔습니다. 그는 이 돈으로 설날을 위해 무엇을 살 수 있을까를 계산했습니다.

그는 혼자서 '쌀' 하고 중얼거리고는 쌀 살 돈을 방바닥에 놓았습니다. 그는 또 '고기' 하고 고기 살 돈을 그 옆에 놓았습니다. '채소도 좀 사야지' 하고는 몇 전을 또 놓았습니다. 그러고 나니 그의 손은 거의 비었습니다. 아이들을 위해 떡도 살 수 없고 방에 땔 나무도 살 수 없었습니다. 그러나 그는 어떻게 해서라도 설날에만은 아이들과 부인에게 따뜻한 방을 마련해 주고 싶었습니다. 그래서 그는 다시 돈을 전부 손에 들고 새로 계산했습니다.

그는 '나무' 하고 나무 살 돈을 방바닥에 놓았습니다. '아이들을 위한 떡값' 하고 떡 살 돈을 그 옆에 놓았습니다. 그러나 남은 돈으로는 쌀도 고기도 살 수 없었습니다. 게다가 그의 맏아들은 가죽신을 신고 싶어했습니다. 그러나 가죽신 살 돈은 되지 않았습니다. 그는 다시 돈을 전부 손에 들고 또 한 번 계산했습니다. 그러나 돈은 번번이 모자랐습니다.

그는 화가 나서 머리를 쥐어뜯고 한숨을 쉬었습니다. 그때 도둑놈이 들어와 기다란 칼을 뽑아들었습니다.

"돈을 이리 내놓든지 죽든지 둘 중의 하나다!"

짚신 장수는 도둑에게 한 줌 가득한 동전을 내주고 이렇게 말했습니다.

"자, 가지시오. 난 그 돈으로 아무것도 못 하겠소."

도둑은 돈을 받아 경멸하듯이 방바닥에 내던지고 소리 질렀습니다.
"큰돈을 내놔, 그렇지 않으면 죽여버릴 테다."
"큰돈이 없소."
"거짓말 말아라! 난 줄곧 창문 앞에 서서 쩔렁쩔렁하는 돈 소리를 들었다."
어머니와 아이들이 깨어나 무서워 벌벌 떨었습니다.
짚신 장수는 그 이상 아무것도 가진 것이 없다는 것을 도둑에게 보이기 위하여 지갑을 뒤집고 장롱도 열어 보였습니다. 그는 또 도둑을 부엌으로 데리고 갔습니다. 그 부엌에는 쌀 한 톨, 나무 한 가치 없었고 한기만이 꽉 차있었습니다.
도둑은 아무것도 가져갈 것이 없는데 화가 나서 곧 가버렸습니다.
그러자 짚신 장수는 방바닥에서 돈을 주워 다시 세기 시작했고, 부인과 아이들은 다시 잠이 들었습니다. 등잔의 조그마한 불꽃만이 짚신 장수가 숨쉴 때마다 마치 안개처럼 한기 속으로 퍼져나가는 입김에 춤을 추었습니다.
자정이 가까워 왔습니다. 짚신 장수는 그래도 무엇을 좀 사러 시내로 가야만 했습니다. 그는 방문을 열고 나오자 커다란 자루 하나가 문턱에 놓여 있는 것을 발견했습니다. 그는 자루를 열어 보았습니다. 그런데 보세요, 거기에는 쌀과 고기와 돈이 들어 있지 않겠습니까.
그는 부인을 깨웠습니다. 부인은 물건들을 보고 자기의 눈을 의심했습니다. 그리고 다음날에 그들은 평생에 한 번도 가져보지 못한 그런 훌륭한 설날을 맞이했습니다.
그러나 그들에게 자루를 가져온 도둑은 다시는 도둑질을

하지 않았습니다.
 왜냐하면 그는 다른 사람들도 돈 소리가 쩔렁쩔렁 났음에도 불구하고 거지처럼 가난한 이 짚신 장수처럼 가난할지도 모른다는 생각을 항상 해야만 했기 때문입니다.

하늘의 사자(使者)

 두 사람의 젊은 시인이 조용조용히 지껄이며 서울의 어느 골목을 지나갔습니다.
 때는 밤이어서 달빛이 환했습니다. 골목에는 그들 외에는 아무도 없었습니다. 그들 중 나이가 더 많은 시인이 갑자기 어느 담 옆에 멈춰섰습니다. 그는 담 저쪽에서 조그맣게 비는 소리를 들었습니다. 목소리로 보건대 그것은 한 늙은 어머니 같았습니다. 그 여인은 무엇을 비는 것일까? 그들은 호기심에 가득차서 담구멍에 귀를 대고 들었습니다.
 "그 애는 결코 나쁜 놈이 아닙니다. 그저 이 늙은 에미를 위해서 그렇게 했을 뿐입니다. 그 애는 또 몹시 아파서 감옥에 있을 수 없습니다. 하느님, 제 아들을 감옥에서 빼내올 수 있도록 제발 한 냥만 이 뜰에 던져 주십시오. 하느님, 그 애는 정말로 나쁜 놈이 아닙니다······."
 "아, 한 냥만 있다면 얼마나 좋을까!"
 하고 나이 든 시인이 말했습니다. 그는 지갑을 뒤져 돈을 세

었습니다. 모두 일곱 돈(10분의 7냥)밖에는 없었습니다. 그러나 나이 어린 시인은 한 푼도 없었습니다.
"그래, 그저 일부분만이라도!"
나이 든 시인은 이렇게 중얼거리고 돈을 뜰로 던졌습니다. 쩔렁 하는 소리가 나더니 빌던 목소리가 뚝 그쳤습니다.
며칠 후에 나이 어린 시인은 다시 한 번 같은 시간에 같은 골목을 지나갔습니다.
"그 여인이 오늘도 빌 것인가?"
하고 그는 스스로 묻고 가만히 머뭇거리며 담을 따라갔습니다. 아니나 다를까, 그는 또 비는 소리를 들었습니다.
"그 애는 정말 나쁜 놈이 아닙니다. 그저 석 돈만 더 던져 주시면 전 다시 아들을 찾을 수 있습니다. 그애는 정말로 나쁜 놈이 아닙니다. 그저 이 늙은 에미를 위해서 그렇게 했을 뿐입니다……."
나이 어린 시인은 이번에는 주머니 속에 한 냥을 가지고 있었습니다. 내일 채권자에게 일곱 돈만 주고 석 돈은 이 가엾은 부인에게 주면 어떨까?
"그래, 그렇게 해야지."
하고 그는 혼잣말로 지껄였습니다. 그러나 그는 어떻게 한 냥짜리 돈을 잔돈으로 바꿔야 할지 몰랐습니다. 그때는 벌써 밤이 꽤 깊어서 아무도 지나가는 사람이 없었습니다.
"여보시오!"
하고 그는 담구멍에 대고 소리쳤습니다. 담 안에서는 조용해 졌습니다.
"당신은 하느님으로부터 석 돈을 받는데 하느님은 잔돈이 없다오. 그래서 내게 큰돈을 주었소. 내가 이제 큰 돈을 던질 테니 당신은 일곱 돈을 이리로 던져야 하오."

뜰에 돈 떨어지는 소리가 났습니다. 시인은 초조하게 일곱 돈이 날아오기를 기다렸습니다. 그러나 아무것도 오지 않았습니다. 한참 뒤에 그는 다시 부인의 목소리를 들었습니다.

"아, 자비스러운 하느님, 제 아들이 벌써 며칠 동안 아무것도 먹지 못했다는 것을 당신도 아실 겁니다. 당신은 퍽 부유하실 테니 제발 이 일곱 돈도 제게 주십시오! 제 아들에게 맛있는 것을 사 주고 싶습니다. 그 애는 또 겨울에 입을 두꺼운 옷 한 벌도 필요합니다. 신발 하나도 없어요……."

나이 어린 시인은 점점 더 초조해졌습니다. 내일 그가 채권자에게 돈을 주지 않으면 채권자는 그를 감금할지도 모릅니다.

아, 이 부인이 조금만 겸손해 줬으면!

"여보시오, 그래서는 안 되오. 하느님은 그렇게 부유하지 못하오. 하느님도 그 돈이 필요하오. 제발 일곱 돈을 이리 던지시오!"

"아, 자비스러운 하느님, 당신은 저처럼 이렇게 가난하지는 않을 겁니다. 제 아들은 몹시 아픕니다. 그 애는 좀 잘 먹어야만 해요. 자비스러운 하느님, 나머지 돈도 제게 주십시오. 당신은 이 늙은이처럼 그렇게 가난하지는 않을 겁니다. 제발 나머지 돈도 제게 주십시오……."

"그렇다면 하는 수 없소!"

초조한 하늘의 사자는 이렇게 소리치고 계속 걸어갔습니다.

바둑놀이

옛날에 구월산(九月山) 밑에 나무꾼이 살았습니다. 그는 처자를 먹여 살리기 위해서 항상 나무를 해와야 했습니다.

매일 아침 나무꾼은 도끼를 들고 산 속으로 들어가 저녁때가 되어야 집으로 돌아왔습니다. 그는 도끼질을 하며 때때로 산봉우리가 구름에 덮여 있는 높은 산을 쳐다보며 언제고 한 번은 꼭 산꼭대기에 올라가 보려고 했습니다. 왜냐하면 저 위 구름 속에서 신선들이 바둑을 둔다는 것을 알고 있었기 때문이지요.

어느 날 아침 일찍이 그는 마침 산봉우리가 또다시 구름 속에 덮여버리자 도끼를 놓고 산으로 높이 올라갔습니다. 거기에는 물론 산으로 올라가는 길도 없었으니까요. 그래도 그는 이 바위에서 저 바위로 점점 높이 올라갔습니다. 여러 개의 여울도 건너고 드디어 안개 속을 헤매게 되었습니다.

알락사니 나무꾼은 자기가 이제 인간 세상을 떠나서 신선들의 영역에 도달했다고 상상했습니다. 아닌게 아니라 벌써

멀리에서 아주 아름다운 소리가 들려왔습니다. 분명 선녀들이 목욕하며 연주하는 것임이 틀림없을 듯한 피리 소리가 들리고 또 곧 이어 거문고 소리도 들려왔습니다. 그래서 그는 쉬지도 않고 계속 용기를 내어 산을 올랐습니다.

이윽고 지금까지 병풍에서 그림으로만 보아 온 불로초가 암벽 사이에 피어 있는 것이 보였습니다. 불로초는 천화(天花)로서 그것만 먹으면 천 년도 넘게 산다는 꽃이지요.

알락사니는 자꾸자꾸 올라가 드디어 정상에 가까워졌습니다. 두근거리는 가슴으로 가만가만 걸어 구름벽을 지나니 높은 바위 밑에 두 사람의 점잖은 노인이 술상 앞에 앉아 있는 것이 보였습니다. 그들은 알락사니가 어릴 때부터 들어서 알고 있는 것처럼 정말로 바둑을 두고 있었습니다. 그는 머뭇거리며 노인들에게 가까이 가 허리를 굽혀 인사했습니다.

"아, 지상의 인간이로군!"
하고 그들 중 한 사람이 웃으며 말했고 다른 사람은 그저 고개만 끄덕였습니다.

"지상의 미미한 한 인간이 당신들의 영역에서 헤매는 것을 용서하십시오!"

알락사니는 있는 용기를 다 내어 말했습니다.

그들은 그에게 친절히 고개를 끄덕이고는 계속하여 바둑을 두었습니다.

그런데 거기에는 또 조그마한 소년이 하나 있어 가끔 그 노인들께 술을 따라 주었습니다. 알락사니도 술 한 잔을 받아 마셨습니다. 알락사니는 이 술을 마심으로써 몇 천 년을 살게 된다는 것을 알지 못했습니다. 알락사니가 술잔을 비우고 계속 바둑 놀이를 바라보자 한 노인이 그에게 이렇게 말했습니다.

"이제 다시 지상으로 내려가시오. 우리의 바둑돌이 한 번 움직일 적마다 지상에서는 몇 년이 흐른다오!"

알락사니는 허리를 굽혀 절을 하고 하늘 나라를 떠나왔습니다.

그는 빨리 내려와 저녁때쯤 다시 도끼와 지게를 놓아 둔 곳에 이르렀습니다. 그러나 그 가엾은 나무꾼은 과연 어떤 일을 체험했을까요! 그가 도끼와 지게를 붙잡자 마치 그것들이 몇백 년이나 거기 놓였었던 것처럼 그렇게 썩어 부스러졌습니다.

그는 놀라서 급히 집으로 돌아왔으나 집을 찾을 수가 없었습니다. 그의 집은 어디로 갔는지 보이지 않고 그 자리엔 풀만이 무성하게 자라 있었습니다. 그는 계속 걸어서 어느 낯선 집에 들어가 부인과 아이에 대한 소식을 물었습니다. 그러자 사람들은 그에게 이렇게 말했습니다.

"아, 참 우리는 언젠가 한 번 약 천 년 전에 알락사니라는 사람이 높은 산 밑에 살았었다는 말을 들었어요. 그런데 그 사람은 부인에게 한 마디 작별의 말도 없이 집을 떠난 후에 어디론가 사라졌다고 합디다."

알락사니는 자기가 오늘 아침에 산꼭대기에 올라갔다 왔다고 아무리 말해도 사람들은 그의 말을 믿지 않았습니다.

그는 또 다른 사람들한테 가서 자기 집과 부인에 대해 물어 보았습니다. 어디서나 똑같은 소리들만 할 뿐 아무도 그가 알락사니라는 것을 믿지 않았습니다.

그는 혹시나 친구들을 만날까 싶어 이웃 마을로 가보았으나 그가 아는 사람은 하나도 없었습니다.

드디어 가엾은 알락사니는 자기가 천 년이나 산꼭대기에서 바둑 놀이를 구경하며 보냈다는 것을 스스로 믿지 않을 수가 없었습니다. 그는 오직 하나의 옛시대의 사람이었습니다. 그와 동시대의 사람이라곤 하나도 없었고, 집도 나무도 그 시대의 것은 하나도 없었습니다.

그는 부인과 자식과 친구들이 무척 그리웠습니다. 후회에 가득 차 산꼭대기를 쳐다보니 봉우리는 또다시 구름에 덮여 있었습니다. 알락사니는 너무나 고독한 나머지 그만 죽고 말았습니다.

동방삭이 잡히다

저 유명한 삼천갑자 동방삭은 실은 30년밖에는 살지 못하게 되어 있었습니다. 그런데 그는 죽는 날 명부에 끌려와 최후의 심판을 받으러 들어가니 지옥의 왕인 염라대왕을 비롯한 모든 나한들이 졸고 있는 것을 발견했습니다.

그 날은 아주 무더운 여름 날이었습니다. 그래서 나한들조차도 오랜 공무(公務)에 시달려 지칠 대로 지쳐 있었습니다.

동방삭은 빨리 이 호기(好機)를 이용했습니다. 그는 붓 하나를 들어 먹을 듬뿍 묻혀 십(十)자에 획 하나를 그어 천(千)자를 만들어 놓았습니다. 그러고는 나한들이 하나둘 깨어날 때까지 끈기 있게 서 있었습니다.

"너는 잘못 불려 왔구나. 너는 3천 년을 살게 되어 있다."고 그들은 당황해서 말했습니다.

드디어 동방삭은 다시 인간 세상으로 보내졌습니다. 그는 오랫동안 사는 동안에 아주 많은 경험과 지혜를 모아 천지생사(天地生死)에 대한 모든 법칙을 송두리째 알게 되었습니다. 그는 교묘하게 모든 병을 피하고, 3천 년이 지난 후 그를 저승으로 데려갈 사자들까지도 우롱했습니다.

저승 사자들은 그를 찾아다녔으나 모두 허탕만 쳤습니다. 연거푸 사자들이 보내졌지만 그들은 언제나 빈손으로 돌아왔습니다. 마지막에는 제일 우수하고 제일 영리한 사자를 내보내 동방삭을 찾도록 했습니다.

이 사자들은 상점에서 여러 톤의 숯을 사서 맑은 물이 흐르는 개울로 가져왔습니다. 그들은 개울가에 앉아 아침부터 밤늦도록 숯을 씻었습니다. 개울물은 시커멓게 되고 전 동네 사람들은 그에 대해 노했습니다. 사람들이 그들에게 왜 숯을 씻느냐고 물으면 그들은 숯을 희게 만들려고 씻는다고 대답했습니다. 모든 사람들이 그들을 비웃었습니다. 그러나 저승 사자들은 그런 것에 관계치 않고 계속 숯을 씻었습니다.

그러자 어느 날 아침 노인 하나가 와서 그들을 지켜보았습니다.

"당신들은 도대체 왜 숯을 씻소?"
하고 노인이 놀라서 물었습니다.
"희게 만들려고요!"
하고 저승 사자들이 대답했습니다.
"나는 3천 년을 살았지만 아직 숯을 씻어 희게 한다는 말은 들어 본 적이 없소."
"아, 드디어 우린 너를 잡았다. 이 거짓말쟁이 동방삭이야!"

사자들은 이렇게 소리치고 그를 꽉 붙잡고는 저승으로 데리고 갔습니다.

강물 팔아먹은 김봉희

유명한 김봉희가 또 한 번 서울로 가서 과거를 보았는데 물론 또 떨어졌습니다. 그것은 아주 당연한 일이었습니다. 한 번도 고전(古典)을 철저하게 공부한 일이 없는 김봉희가 도대체 어떻게 그 어려운 시험에 합격하겠습니까?
 그렇지만 그는 수염을 쓰다듬고 선비의 갓을 똑바로 의젓하게 썼습니다. 그가 언제 과거에 급제하든 그에게는 아무 상관이 없었습니다. 우선 느릿느릿 고향으로 다시 돌아가, 봄이 되면 또 한 번 요행을 바랄 수 있었으니까요. 이런 생각에 잠겨 그는 여관 집 툇마루에 앉아 있었습니다. 그러나 곧 집으로 돌아갈 것인가? 아니, 그것은 약간 단조로운 일이라고 그는 생각했습니다.
 그는 또다시 무슨 일이든 계획해서 적어도 과거에 급제한 행운아를 곯려 줘야만 했습니다. 그는 한참 동안 생각한 후에 새로 임명된 관리가 자기의 영광스러운 생활을 시작하게 되어 있는 아름다운 도시 평양으로 떠났습니다.

평양에 도착하자 김봉희는 대동강 변에 조그마한 점포를 하나 마련하여 붉은색을 칠하고 커다란 판대기에 '물긷는 정자'라고 써서 점포에 걸었습니다. 정자 입구에는 자물쇠를 채운 상자 하나를 놓아 사람들이 동전을 넣을 수 있도록 했습니다.

그러고는 그는 시내의 물긷는 사람들을 모두 불러 그들과 비밀리에 약속하여 그들이 한동안 이 정자 앞에서 물을 푸되 한 번 풀 적마다 3전을 상자 안에 넣도록 했습니다. 그들은 즐겨 그에게 약속했습니다. 왜냐하면 그들이 어디에서 물을 푸던 그들에겐 아무 상관이 없었고 또 그들이 넣은 동전을 매일 저녁 다시 돌려받고 게다가 훌륭한 보상까지 받았기 때문입니다.

사흘 동안 김봉희는 정자에 앉아 있었고, 물긷는 사람들은 정자 앞에서 식수를 폈습니다. 그런데 사흘째 되는 날에 기다리던 태수(太守, 地方官)가 우연히 말을 타고 지나다가 잠깐 동안 이것을 바라보았습니다.

"당신은 누구요? 그리고 물긷는 사람들은 왜 돈을 상자에 넣어야 하오?"

하고 태수가 물었습니다.

"당신은 낯선 고장에서 온 사람 같군요. 우리 할아버지께서 나라에 조그마한 공을 세워 그 대가로 우리 가정은 대대로 매년 삼월 삼짇날부터 오월 단옷날까지 이 강의 식수를 긷는 사람들에게 팔 권리를 물려받았답니다."

하고 김봉희는 태연하게 말했습니다.

욕심 많은 관리는 김봉희 옆에 앉아서 한동안 바라보았습니다. 하루 종일 돈이 아름다운 상자 안으로 흘러 들어갔습니다.

"내 당신에게 제안할 것이 있소. 하루 종일 여기 앉아서 물긷는 사람들이 돈을 넣는 것을 감독하기란 무척 힘든 일일 거요. 내 당신에게 3천 냥을 줄 테니 그 대신 물 파는 권리를 내게 양도하는 것이 어떻소:"
하고 관리는 한참 생각하고 난 후 말했습니다.

김봉희는 할아버지로부터 물려받은 권리를 파는 것이 외경(畏敬)된 일인 양 거절했습니다. 그러나 관리가 5천냥을 제안하자 그는 마지못한 듯 어음을 받아 곧 인계하고 태수에게 상자의 열쇠를 넘겨 주었습니다. 그러고는 그날 저녁으로 준마를 타고 고향으로 돌아갔습니다.

미륵불(彌勒佛)

옛날에 기적의 나라 인도로부터 모든 성자들이 편력할 때 마음씨 좋은 미륵불도 같이 나왔습니다. 미륵불은 우선 여러 나라를 구경하고 나중에 아무 곳에나 정착하여 백성들의 숭배를 받으려 했습니다.

그래서 그는 길고 긴 갠지스 계곡을 넘고 높고 좁은 험한 길을 지나고 끝없이 넓은 초원 지대를 지나갔습니다. 이렇게 하는 데 물론 몇 년이 걸렸습니다. 왜냐하면 몸이 돌로 되어 있어 움직이기 힘들 뿐만 아니라 한 번 움직일 때마다 겨우 손가락 크기만큼밖에는 앞으로 갈 수가 없었기 때문입니다. 그러나 미륵불은 쉬지 않고 걸어 넓은 요동반도를 거쳐 한국에 이르렀습니다.

이윽고 그는 삼각산 뒤 어느 언덕에 서서 아름다운 암산(岩山)이며 졸졸 흐르는 시내며 푸른 계곡을 바라보자 그곳이 마음에 꼭 들었습니다.

"여기에 머물러야지."

하고 그는 혼잣말로 중얼거리고는 항상 푸른 계곡을 바라볼 수 있게끔 자리잡았습니다.

몇 해가 지나자 그는 사람들 눈에 띄어 때때로 향불과 제물을 들고 그를 찾아오는 사람들이 있었습니다. 물론 사람들은 어떤 소원이 있어야만 그를 찾아와 소원 성취하게 해달라고 빌었습니다. 그러나 그는 자기가 숭배를 받는다는 기쁨에 기구하는 사람들을 위해 할 수 있는 한 최선을 다했습니다.

그는 어떤 부인을 중병에서 낫게 해주고, 또 다른 부인에겐 남편이 새 황소를 사게끔 도와 주었습니다. 또 어떤 어머니에겐 딸을 이웃집 아들과 결혼시키게끔 도와 주었습니다.

그는 부처로서 특별히 혼사(婚事)엔 관심이 없었으나 그의 자비스런 마음은 기구하는 부인의 청을 거절할 수가 없었습니다.

때때로 어떤 부인이 조용한 저녁 무렵에 그에게 와 소원을 말할 때면 그는 항상 주의 깊게 들었습니다. 사람들은 마음 속 깊이 간직한 소원을 말할 때면 모두 아주 조그마한 소리로 속삭이듯이 말했습니다. 그는 때때로 있는 지혜를 모두 짜내어 도대체 무엇이 이들 부인들에게 결여돼 있나를 알아 맞혀야만 했습니다.

그러나 그에게 가장 수수께끼 같은 일은 늘 부인들만이 그에게 오고 남자들은 오지 않는 것이었습니다. 남자들은 도대체 소원이 없는 것일까요? 물론 남자들도 가끔 날씨 좋은 날에는 언덕으로 올라왔습니다. 그러나 그들은 그의 제단 앞을 지나쳐 갈 뿐 아무런 제물도 바치지 않고 또 빌지도 않았습니다.

많은 사람들은 그의 발 앞에 앉아 쉬며 언덕 밑의 아름다운 경치를 바라보았지만, 그의 성스러운 모습에는 눈길조차 한번 보내지 않았습니다.

그런데 어떤 남자 한 사람만은 예외였습니다. 그는 뒷골짜기에서 숯 굽는 사람으로 그곳에 오기만 하면 가끔 미륵불을 바라보았습니다. 그는 매일 숯을 문 안에 가지고 가서 팔았습니다. 매일 아침 등에 무거운 짐을 지고 골짜기에서 내려와 제단 앞에서 잠시 쉬었습니다. 저녁이면 다시 빈 지게를 지고 올라와 제단 앞에서 또 잠시 쉬고는 계속 올라갔습니다.

그는 매번 그곳에 오기만 하면 마치 미륵불과 할 얘기가 있는 것처럼 잠시 동안 미륵불을 찬찬히 관찰했습니다. 그러나 이 가난한 숯 굽는 사람 역시 한 번도 미륵불에게 공손히 절을 하거나 도움을 청하는 일은 없었습니다. 그런 것 대신 그는 좀 색다른 짓을 했습니다. 즉 한 번은 그가 미륵불에게 아주 가까이 와 미륵불의 우아한 어깨를 몇 번 두드리더니 귓속에다 대고 큰소리로 이렇게 말했습니다.

"나 오늘 숯 장사 잘했어요. 당신이 도와 준 덕이라고 생각해요."

그러고는 지갑을 흔들어 돈 소리를 쩔렁쩔렁 냈습니다.

"참, 무례하군!"

하고 미륵불은 생각하며 게다가 숯장수가 좀 취했다는 것을 알아차렸습니다.

오, 이 사람이 자기 얼굴을 조금만 다른 쪽으로 돌려 주면 그 지독하고 역겨운 냄새가 그 고상한 자태에 스치지는 않으련만!

미륵불은 본래 자비스러워 그저 잠자코 참고 있는 동안 숯장수는 점점 더 허물없이 굴었습니다. 그는 미륵불의 두 어깨를 더러운 손으로 붙잡기도 하며 얼굴에 대고 이렇게 말했습니다.

"당신은 내게 부인 하나를 얻어 줘야 해요! 봄 가을 할 것 없이, 또 달 밝은 밤이나 기나긴 겨울 밤을 언제나 오막살이에 혼자 있으니 이 돈으로 무엇을 한단 말이오? 당신은 도대체 그런 것을 이해하지 못한단 말이오?"

그러더니 그 무례한 숯장수는 또 이런 말을 했습니다.

"이제 잘 들어요. 우리 한번 씨름을 합시다! 만일 당신이 지면 당신은 내게 부인을 얻어 줘야 하고, 내가 지면 내 궁둥이를 한 번 호되게 때려도 좋소."

기운 센 숯장수는 두 다리를 바위에 기대고 버티고 서서 무거운 석상(石像)을 앞뒤로 밀었습니다. 한동안 그렇게 무례하게 노력해 보더니 그만 꼼짝하지 않는 미륵불을 당황해서 바라보았습니다.

"내가 졌소!"

그는 항복하고 나서 궁둥이를 내놓고는 제 스스로 힘껏 때렸습니다.

그 사이 해는 지고 황혼이 골짜기에 찾아들었습니다. 그때 젊은 여인 둘이 등롱(燈籠)을 들고 골짜기를 올라왔습니다. 그들은 아마도 무엇인가 빌고 싶었던 모양입니다. 그들이 제단 앞으로 가까이 오자 숯장수는 얼른 숨어버렸습니다.

미륵불은 숯장수가 사라지자 여간 기쁘지 않았습니다. 그는 여인 중의 하나가 정성껏 차려 놓은 젯상을 흐뭇하게 바라보았습니다. 그 여인은 충실한 하녀인 듯했습니다. 여주인은 아주 고상한 옷을 입은 처녀였습니다. 처녀는 절을 하고 중얼중얼 빌었습니다.

"2년 전에 부모를 여의고 지금 형제 자매, 친척도 없이 혼자 살고 있습니다. 의지할 곳 없이 외로운 아이를 불쌍히 여기셔서……."

"난 모든 것을 이미 알고 있었소. 그래서 하늘이 당신을 위해 마련한 남자를 찾으려고 애썼는데 언덕 너머 개울가에 있는 가난한 오막살이에서 찾았소. 내일 그에게 중매인을 보내시오!"

하고 석상 뒤에서 낮은 목소리로 대답하는 소리가 들렸습니다.

그러더니 조용해졌습니다. 처녀는 얼굴을 붉히고 미륵불에게 고맙다고 절을 하고 급히 집으로 돌아갔습니다. 숯장수도 숨었던 곳에서 나와 미륵불에게 절을 하고 집으로 돌아갔습니다.

미륵불은 그저 미소지을 뿐이었습니다.

고양이와 개

옛날에는 개가 고양이를 사랑하여 고양이와 함께 먼길을 가거나 물을 헤엄쳐 갈 때면 즐겨 고양이를 등에 업고 다녔습니다. 왜냐하면 고양이는 물에 젖는 것을 싫어했기 때문이지요.

서울의 어느 마음씨 좋은 노인 하나는 외출할 때마다 개와 고양이를 데리고 다녔습니다. 오른쪽에는 개를, 왼쪽에는 고양이를 데리고 다녔습니다. 노인이 나무 밑에 앉아 쉴 때면 개는 노인 앞에 앉아 있고, 고양이는 노인의 무릎에서 잠을 자곤 했습니다. 개와 고양이는 주인이 늘 쓰다듬어 주고 칭찬을 하여 여간 행복하지 않았습니다.

그런데 어느 날 산보를 하고 돌아온 노인은 자기가 아끼던 보석을 잃어버린 데 깜짝 놀랐습니다. 보석이 주머니에서 빠져나갔던 것입니다. 노인의 부인과 자식들은 보석을 찾으러 온 집안은 물론 그 근방 일대를 모조리 뒤졌습니다.

개와 고양이도 보석을 찾아 나섰습니다. 그러나 그들은

매번 풀이 죽어 돌아와서는 근심 때문에 거의 병이 나 있는 노인 앞에 슬프게 쪼그리고 앉곤 했습니다. 날이 새기가 무섭게 개와 고양이는 다시 보석을 찾으러 집을 나가곤 했습니다.

그러던 어느 날, 개는 어떤 소나무 밑에서 크고 노란 육각형의 보석을 정말로 찾았으니 이 얼마나 기쁜 일이겠습니까!

개는 있는 힘을 다해 큰소리로 짖고, 고양이는 좋아서 깡총깡총 뛰었습니다. 그러고는그들은 지칠 때까지 함께 보석 주위를 뒹굴었습니다.

개는 보석을 입에 물고, 고양이는 개 옆에 서서 큰 걱정에서 벗어난 기쁨에 마구 뛰었습니다. 그들이 어느 강가에 다다르자 개가 고양이에게 말했습니다.

"난 헤엄쳐 건너자면 숨을 쉬어야 할 테니까 이제 네가 이 보석을 입에 물어라. 그 대신 너를 또 한 번 업어줄게."

고양이는 보석을 입에 물었습니다. 그러나 보석이 어찌나 큰지 고양이가 잠시라도 꼭 물고 있지 않으면 떨어져 버릴 것 같았습니다.

"보석을 꼭 물고 있어야 해."

하고 개는 한동안 서투른 고양이의 조그마한 입을 관찰하고 나더니 걱정스러운 듯이 중얼거렸습니다.

"자, 이제…… 등에 올라타라!"

이윽고 개는 있는 힘을 다해 강을 헤엄쳐 나갔습니다. 개는 고양이를 등에 업고 있기 때문에 숨이 차서 헐떡거렸습니다. 게다가 또 까딱하면 고양이의 입에서 떨어질지도 모를 보석이 걱정되었습니다. 강 한복판에 이르러 개는 고양이에게 물었습니다.

"너 아직 보석을 입에 물고 있지?"

그러나 고양이는 아무 말도 하지 못했습니다. 고양이는 아마 큰 물이 무서워 말을 잃어버린 듯했습니다.

"아무 걱정 말아라. 헤엄치는 데는 나를 따를 개가 없어. 나만 믿으라니깐!"

개는 고양이를 안심시켰습니다.

강을 사분의 삼쯤 건넜을 때 개는 또다시 고양이에게 물었습니다.

"얘, 말해 봐. 너 아직 보석을 입에 물고 있지?"

고양이는 또 아무 대꾸도 하지 않았습니다.

"너 아직 보석을 입에 물고 있는지 말 좀 해봐, 이 겁쟁이야!"

고양이는 드디어 이 욕설에 화가 나서 소리쳤습니다.

"너, 이 바보 같은 개새끼야, 내가 말을 하면 보석이 입에서 떨어지지 않니!"

아, 이 일을 어쩌면 좋겠습니까! 고양이가 그렇게 말했을 때는 이미 보석은 고양이 입에 없었습니다.

드디어 그들은 강을 다 건넜습니다. 그러나 보석은 없었습니다.

그 후부터 고양이는 개만 보면 앙앙거리고 또 개는 보석을 잃어버린 책임이 고양이에게 있다고 짖는답니다.

화가(畵家) 낙동

 남부 지방의 어느 두메 산골 외딴 곳에 여인이 살았습니다. 여인의 남편은 수년 전에 어디론가 떠나버려 다시는 돌아오지 않았습니다. 여인은 혼자서 씨를 뿌리고 김을 매고 또 가을이면 혼자서 곡식을 거둬들였습니다. 기나긴 겨울 밤 외로이 베틀에 앉아 있을 때면 여인은 옛날을 생각하며 이제는 거의 얼굴조차 희미해가는 남편을 생각하곤 했습니다. 그러면 여인은 외아들 낙동을 불러 그와 더불어 마음을 달랬습니다.
 소년이 자라자 그는 어머니에게 글을 가르쳐달라고 청했습니다. 그러나 어머니는 어려운 고전을 풀이할 수가 없었기 때문에 아들에게 글을 가르칠 수가 없었습니다. 어머니는 한숨을 쉬고,
 "나는 네게 그림 그리는 법은 가르쳐 줄 수 있다."
고 말했습니다.
 이튿날 어머니는 장에 가서 붓과 먹과 한 두루마리의 종이

를 사다가 아들에게 그림 그리는 법을 가르쳤습니다.

낙동은 열심히 훌륭하게 그림을 그렸습니다. 한편 어머니는 매일 들에 나가 일을 하고 저녁이 되어야 비로소 집으로 돌아왔습니다.

한 두루마리의 종이에 그림이 다 그려지자 어머니는 또다시 장으로 갔습니다. 어머니는 베를 팔아 그 돈으로 새 종이를 사 왔습니다. 어머니는 소년이 그림을 잘 그리고 또 그가 자기의 유일한 위안자였기 때문에 즐겨 그렇게 했습니다.

그럭저럭 몇 해가 지나갔습니다. 어느 날 어머니는 병이 나서, 소년의 정성 어린 간호에도 불구하고 몇 달을 앓아 눕게 되었습니다.

"싱싱한 대추가 먹고 싶구나."

하고 병든 어머니가 말했습니다.

그러나 한겨울에 어디서 싱싱한 대추를 구해 오겠습니까!

그래서 소년은 어머니를 위로해 드리려고 떡갈나무 잎에 두 개의 아름다운 대추를 그려 어머니에게 드렸습니다. 어머니가 그림을 손에 들고 감상하려고 하자 잎으로부터 대추 두 개가 어머니의 손에 굴러 떨어졌습니다. 어머니의 손에는 아름답고 싱싱한 대추가 정말로 놓여 있었습니다. 그리고 잎에는 아무 그림도 볼 수가 없었습니다. 어머니는 대추를 먹고 그것들이 진짜 대추처럼 맛있다고 말했습니다.

낙동은 다시 떡갈나무 잎에 대추를 그렸습니다. 그는 대추 세 개를 그렸는데, 그것이 모두 어머니의 손에 굴러 떨어졌습니다. 그래서 어머니는 많은 대추를 먹을 수 있었습니다. 그리고 그 후 곧 건강해졌습니다.

어머니와 아들은 커다란 기적에 대해 하느님께 감사했습니다. 그런데 그 후부터 이런 기적은 가끔 되풀이되었습니다.

한번은 낙동이 좁다란 여울을 그려 그 그림을 어머니의 침상 곁 벽에 걸어 놓았습니다. 조용한 밤 어머니가 자지 않고 누워 있자니 마치 진짜 여울 밑에 누워 있는 것처럼 어디선가 졸졸 물 흐르는 소리가 들렸습니다. 그림에선 부글부글 끓듯이 거품이 일고 미친 듯이 노호했습니다. 어머니가 놀라서 불을 켜자 모든 소리와 거품을 삼켜버린 그림만이 보였습니다. 낙동이 그 그림 속에 금붕어 하나를 그려 넣고 단지에 물을 채워 그림 밑에 놓자 금붕어는 얼른 단지 속으로 들어갔습니다.

또 몇 해가 흘러갔습니다. 어느 날 소년도 집을 떠났습니다. 소년은 어머니에게 아버지를 찾으러 가는데 만일 아버지를 찾으면 아버지와 함께 어머니에게 돌아오겠노라고 말했습니다.

소년은 산을 넘고 계곡을 건너 오랫동안 걸었습니다. 모든 마을과 도시를 지나 드디어 서울에 이르렀습니다. 그의 아버지도 전에 관리가 되려고 서울로 떠났었답니다.

여기서 낙동은 그의 아버지가 어느 질투심 많은 신하의 중상 모략으로 감옥에 갇혀 있다는 말을 들었습니다. 낙동은 감옥의 파수꾼에게 자기로 하여금 아버지의 눈앞에서 그림 하나를 그려 아버지를 기쁘게 해드리도록 허락해달라고 애걸했습니다. 이 애원은 수락되었습니다.

그래서 낙동은 종이에 하루에 천리를 달릴 수 있는 천리마(千里馬)를 하나 그렸습니다. 그가 채 마지막 붓질을 끝내기도 전에 벌써 천리마가 그의 옆에 서 있었습니다. 아버지와 아들은 말 위에 앉았습니다. 그리고 파수꾼이 미처 손 쓸 사이도 없이 그들은 벌써 감옥 담을 뛰어넘어 쏜살같이 고향으로 달려서 아무도, 궁궐 기마병들까지도 그들을 쫓아올 수 없었답니다.

삶에 대한 갈망 — 불설(佛說)

어느 제자 하나가 인간의 삶(生)에 대한 갈망이 얼마나 강한 것인가를 부처님에게 물었습니다. 부처님은 다음과 같이 대답했습니다.

어느 목수 한 사람이 산에서 사람의 피를 노리는 사자를 만났습니다. 목수는 사자는 너무 크고 힘이 세서 내가 도망가려고 해본들 소용이 없을 것이다, 쓸데없이 도망하려고 애쓰기보다는 '차라리 곧 죽어버리는 게 낫겠다'고 생각했습니다.

그렇지만 그는 뛰어 달아나 사자가 쫓아오지 못하게 나무 위로 올라갔습니다. 그러나 나무 꼭대기에는 커다란 뱀이 도사리고 앉아 목수를 물려고 했습니다. 그는 겁에 질려 아래로 아래로 미끄러져 내려 나무 밑에 있는 우물에 빠졌습니다. 다행히 그는 우물 벽에 있는 돌 하나를 꼭 붙잡을 수 있었습니다.

그러나 이 우물에서 달아날 수 있는 길이란 전혀 없었습

니다. 밖에서는 사자가 그를 잡아먹으려고 기다렸고 나무 위에서는 뱀이 물려고 하니 그리로 돌아갈 수는 없었습니다. 또 우물물은 너무 깊어 아래로 내려 뛰면 빠져 죽을 것 같았습니다. 그래서 그는 우물 벽에 있는 돌을 꼭 붙잡고 있었습니다.

　이렇게 그는 벌써 이틀 동안이나 우물 속에 있었습니다. 그때 그는 저 위 벌집에서 가끔 꿀이 몇 방울씩 떨어지는 것을 발견했습니다. 그는 혀를 내밀어 꿀을 받아먹었습니다. 그러나 꿀 방울이 떨어질 때마다 벌이 내려와 그의 혀를 쏘았습니다. 그는 굉장한 아픔을 느꼈습니다. 그럼에도 불구하고 그는 굶어 죽지 않기 위해서 꿀 방울을 받아 먹었습니다.

　사람은 살기 위해서는 이 모든 것을 참을 수밖에 없습니다. 삶에 대한 갈망은 이처럼 큰 것입니다.

주인과 하인

 옛날에 강원도 지방에 선비 한 사람이 살았는데 어찌나 유명한지 그 이름이 멀리에까지 알려져 있었습니다. 그래서 때때로 원근(遠近)에서 많은 사람들이 그를 찾아와 그와 함께 세계 인류에 대해 이야기를 나누었습니다.
 해마다 주인의 생활을 지켜 보고 있던 그 집의 하인은 주인의 유명한 손님들이 주인에게 보내는 찬사에 주인이 몹시 부러웠습니다.
 주인이 아주 위엄있게 손님을 맞아 정중히 인사를 나누고 마당을 지나 정원으로 안내해 들어가는 것이 얼마나 고상하게 보였는지 모릅니다. 그리고 주인이 손님과 함께 술상을 대하고 앉아 벽에 걸려 있는 아름다운 그림에 대해, 기둥을 장식하고 있는 생동하는 듯한 서체(書體)에 대해, 아름다운 경치에 대해 그리고 또 세상사에 대해 의미 심장하고 정중한 말로 얘기하는 것이 그 얼마나 신성해 보였는지요! 스스로 한 번 그렇게 말하고 그렇게 살아도 좋다면 그 얼마나 근사

한 일이겠습니까?

그 집의 하인은 그런 것 대신, 살을 에는 아주 추울 때나 찌는 듯이 더울 때나 언제나 일을 해야만 했습니다. 그는 해가 지붕의 합각 머리에 비치기도 전에 방을 나가 뜰을 쓸어내고 말을 먹이고 안장을 윤이 나게 닦고 정원과 연못을 깨끗하게 손질해야만 했습니다. 이렇게 그는 언제나 일하며 힘들게 살아가느라 단 한 번도 그럴 듯한 말로 지껄여 볼 수가 없었습니다. 그것은 주인의 생활과 비교해 볼 때 너무나 처참한 생활이었습니다.

어느 땐가 한번 주인은 하인의 생일날에 하인에게 생일 선물로 무엇을 원하느냐고 물었습니다. 그러자 하인은 용감하게 자기의 마음속의 소원을 말했습니다. 즉 하루만이라도 주인이 되어 손님을 영접하고 손님과 함께 술상을 받고 앉아 정중한 대화를 나누고 싶다고 했습니다.

주인은 이런 뻔뻔스러움에 놀랐으나 그의 소원을 풀어주겠노라고 약속했습니다.

이윽고 사람들은 먼 곳에서 손님이 오게 되어 있는 날을 잡아 하인을 깨끗하게 씻겼습니다. 손에 있는 흙과 먼지를 말끔히 닦아내고, 넓적한 발에는 좁은 버선을 신긴 뒤 예쁜 갓신을 신겨 놓았습니다. 머리도 깨끗이 빗겨 고운 망건으로 묶어 갓을 씌웠습니다. 이렇게 하고 하인은 주인처럼 주인 방의 상석에 점잖게 앉아 그날 오게 되어 있는 손님을 기다렸습니다.

좁은 버선과 조그마한 신을 신은 발이 아파오고, 머리 주위는 참을 수 없이 더워왔습니다. 무릎도 아파오고, 오래 앉아 있기 괴로웠습니다. 그렇지만 그는 자신이 의젓하다고 느끼고 또 함께 술상을 받을 손님을 기다리느라고 모든 것을 꾹 참았습니다.

드디어 손님이 왔습니다. 손님이 문 안에 들어서자 하인은 일어나서 주인의 예(例)에 따라 점잖은 걸음걸이로 마당을 지나가 이런 말로 손님을 영접했습니다.

"이런 누추한 곳을 찾아주시니 영광이올시다!"

"이렇게 유명한 댁에 들어올 수 있게 해주시니 제겐 말 할 수 없이 큰 영광이올시다!"

손님이 대답했습니다.

이윽고 두 사람은 맛있는 안주로 꽉 찬 술상을 대하고 앉았습니다. 손님은 술맛이 좋고 음식이 맛있다고 찬사를 보냈습니다.

하인에게도 모든 것이 어찌나 맛이 있던지 하마터면 손님과 똑같은 소리를 할 뻔했습니다. 그러나 그는 자신을 억제하며 이렇게 대꾸했습니다.

"산골 여인의 손으로 담근 술이올시다. 이 술이 귀하신 손님의 구미에 맞지 않을까 두렵습니다."

손님은 벽에 걸린 그림들이며 병풍이며 기둥을 장식한, 생동하는 듯한 서체에 찬사와 감탄을 아끼지 않았습니다.

"별말씀을 다 하십니다. 그것은 제가 그저 아무렇게나 종이에 써 본 것이올시다. 찬사를 거두시고 잔이나 비우십시오!"

"멀리에서 보아도 벌써 이 댁이 선비의 댁이라는 것을 알 수 있습니다. 암산(岩山)이 완만한 언덕에 맑은 시내가 그늘진 골짜기를 떠나는 바로 그곳에 이르면 지붕의 합각 머리가 잎 사이로 보여 모든 사람으로 하여금 내려가게끔 합니다."
하고 손님이 말했습니다.

그것은 정말 사실이었습니다. 집 주위의 경치는 참으로 아름다웠습니다. 하인이 장에 갔다가 해질 무렵에 집으로 돌아올 때면 그의 마음은 때때로 눈앞에 보이는 경치에 여간 기쁘지 않았습니다. 이보다 더 아름다운 것이 이 세상에는 없으려니 하고 가끔 생각했었습니다. 그러나 그는 지금 자신을 억제하고,

"그런 말씀 마십시오!"
하고 말했습니다.

그들은 정원을 거닐었습니다. 손님에게도 정원이 마음에 꼭 들었습니다. 손님은 순결한 백합이며 고운 작약이며 연꽃이 있는 거울같이 빛나는 연못에 찬사를 보냈습니다.

하인은 잠자코 있었습니다. 그 찬사에 대해 무슨 말을 하기란 참 어려웠습니다. 그 찬사는 마치 기름칠을 한 듯 그의 가슴속 깊이 미끄러져 들어갔습니다. 그도 그럴 것이 그 자신이 정원이며 연못이며 마당을 가꾸었으니까요.

하느님의 도움 없이는 그가 마치 선비처럼 자신을 억제하기 힘들었습니다. 하인은 흥분하여 부들부들 떨며 침을 꿀꺽 삼키고 묵묵히 손님 곁에 서서 걸었습니다. 그러나 사태는 점점 더 곤란해졌습니다. 손님은 또 잘 가꾸어진 마당에 찬사를 보냈습니다. 마당들이 마치 방바닥같이 깨끗하게 가꿔져 이른 여름 밤의 평화로움을 에워싸고 있는 듯했습니다.

"옛말에 이르기를, 기름진 전답만을 칭찬할 것이 아니라

때때로 부지런한 농부들도 칭찬하라고 했습니다. 그렇듯이 저도 댁의 하인을 칭찬해야만 하겠습니다. 마당들을 이렇게 아름답게 가꾼 것을 보니 그도 당신의 인격을 따라 영리하고 충실한 사람임이 틀림없을 듯합니다."
하고 손님이 말했습니다.
"제가 바로 하인입니다. 제가 마당뿐만이 아니라 정원도 과일 나무도 연못도 말도 안장도 대문도 담도 모두 그렇게 아름답게 가꾸었답니다."
하고 하인이 폭발하듯이 털어놓았습니다.
 그러더니 그는 부끄러워 얼른 마당에서 사라져 제 방으로 숨어버렸습니다. *

□ 해설

이미륵의 생애와 작품

정규화(성신여대 교수)

한국문학이 독일에 번역 소개되기는 1893년에 나온 《한국 동화와 전설》[1]과 1894년의 《춘향전》[2] 등 19세기 말부터 시작되었지만, 한국 작가가 독일어로 작품을 써서 발표한 것은 이미륵이 최초이며 유일한 예다.

배운성의 《배운성 이야기집》[3]도 있으나 이것은 배운성의 이야기들을 쿠르트 룽게가 편저한 것이기 때문에 이미륵의 경우와는 다르다.

이미륵은 1920년에 독일에 도착하여 1928년에 박사 학위를 끝내고 줄곧 작가 생활을 하다가 끝내 고국의 땅을 다시 밟지 못한 채 1950년 3월 20일 뮌헨 교외에서 타계하였다.

단 하나밖에 없는 자전 소설 《압록강은 흐른다》로써 이미

---

1) 《Koreanische Märchen und Legenden》 übersetzt von H.G. Arnous, Verlag von Wilhelm Friedrich, Leipzig, 1893.
2) 〈Lenzesduft—Eine Liebesgeschichte aus Korea〉. In:《Aus fremden Zungen》. Hrsg. von Josef Kürschner, Deutsche Verlagsanstalt, Stuttgart 1894.
3) 《Unsoung Pai erzählt》 Hrsg. von Kurt Runge, Kultur-buch-Verlag, Darmstadt, 1950.

륵(Mirok Li)이라는 이름이 세상에 알려지자 그의 작가적인 위치는 전후 독일 문단에서 큰 비중을 차지하였다. 한때 이 작품은 독일에서 최우수 독문 소설(獨文小說)[4]로 선정된 일까지 있다. 그 후 이미륵은 독자들의 간청에 의하여 속편(2부)을 탈고하였지만, 그의 사망과 더불어 이 원고가 분실된 것은 지극히 애석한 일이며, 그 중 50매만이 얼마 전 필자에게 입수되었다.

이 이외에도 이미륵의 다른 작품이 있지만 (대부분이 유고〔遺稿〕), 우리 나라에는 상기한 《압록강은 흐른다》 외에 〈어깨기미와 복심이〉, 〈어린 복술이와 큰 창〉(《한국일보》 1973년 7월 3일, 7월 6일자)의 두 단편만이 소개되어 있을 뿐이다.

그러나 인간 이미륵만은 몇 차례 소개된 바 있다. 즉 미륵과 친교가 있었던 여당 김재원(藜堂 金載元, 학술원 회원)의 〈이미륵 씨의 생애〉[5], 고병익(高柄翊) 교수의 〈어떤 이방인〉[6], 전혜린의 〈이미륵 씨의 무덤을 찾아서〉[7], 샬크 여사의 〈이미륵 씨와 함께 보낸 가을〉[8]과 《한국일보》 및 《조선일보》의 취재 기사 등이 있다.

앞으로 이미륵의 유고들이 좀더 정리 분석됨에 따라 그의

---

4) 유명한 잡지사의 앙케트에 의하면 "금년도에 가장 우수한 독일어로 된 책은 어느 외국인에 의해서 씌어졌는데 그 작가는 바로 이미륵이다"라고 하고 있다. 《Flensburger Tageblatt》 1952년 7월 8일.
5) 《조선일보》 1959년 6월 1일~6월 4일 4회 연재.
6) 《서울대학 신문》 1956년 6월 13일~6월 20일 2회 연재. 같은 내용의 글이 《신태양》에도 실렸으나 연대, 일자 등이 미상.
7) 《여원》 1959년 5월호.
8) 《여원》 1959년 6월호.

작가적 위치 내지는 인간상이 우리 문단에서도 평가되어 한 국문학사에 기록되기를 바라는 바이다.

2000년 3월은 그의 탄생 101주년이요, 타계 50주년이 되는 달이다. 따라서 이 달은 그가 탄생하고 서거한 달이라는 점에서 인간 이미륵과 그의 작품 세계를 살펴보는 것은 한층 의미가 있다고 하겠다. 아직 그의 작품이 정리되어 우리 문단에 본격적으로 소개되지 않았으므로 여기서는 우선 이미륵에 대한 분석만을 간단히 시도해 보고자 한다.

이미륵은 1899년 3월 8일 황해도 해주시 남영정 205번지에서 천석꾼인 이동빈(李東彬, 전주 이씨)과 이성녀(李姓女, 청주 이씨) 사이의 1남 3녀 중 막내아들로 태어났다. 별명은 '정쇠'였으며 아명은 '미륵'이다. 모친 이씨가 38세의 나이에 아들을 하나 낳기를 고대하며 미륵보살을 찾아 백일 기도를 드린 끝에 얻은 아들이라 하여 이렇게 부르게 되었다고 한다.

당시의 관례대로 미륵은 해주 보통학교(海州普通學校, 4년제)를 졸업하던 해(11세, 1910년)에 어른들의 권유로 6세나 연상인 17세의 최문호와 혼인하였다. 슬하에 1남 1녀(명기〔明起〕, 명주〔明珠〕)를 두었으나, 그들의 생애나 생사에 관하여는 알려져 있지 않다.

1911년부터는 서당에서 한학을 공부하고 잠시 신식 중학교에도 다녔으나 건강 상태가 나빠 학교를 중단하고 말았다. 그 후 그는 계속하여 강의록으로 독학하여 1917년에는 경성의학 전문학교에 입학(백인제가 1년 선배였고, 이선근이 동기),

3학년이 되던 1919년 3·1운동에 가담하여 젊은 학도로서 조국의 기구한 운명에 울분을 품고 동료 대학생들과 더불어 전단을 인쇄하고, 뿌리는 등 주모자로 맹활약하였다. 그러나 왜경의 무자비한 총칼에 짓밟히는 조국의 비극을 가슴에 사무치게 품은 미륵은 끝내 압록강을 건너 일단 상해로 망명의 길에 오르게 되었다.

상해에서는 다시 유럽으로 가기 위한 여권을 얻으려고 무려 9개월이나 체류하는 동안 임시정부의 일도 돌보다가 결국 받은 것이 중국 여권이었으므로 성명 표기는 중국 발음대로 'Yiking Li'로 되어버렸다. 이 여권을 소지하고 그는 유럽으로 향하는 배를 타고 고난의 여정에 올랐다.

그리하여 처음 도착한 곳이 '마르세이유'였으며 여기서 미륵은 우연히 한국을 잘 아는 빌헬름(분도회 전도사)을 만나 그와 함께 독일의 뮌스터 슈바르차흐라는 수도원에 도착(1920년 5월 26일), 8개월간 그곳에 머무르면서 독일어 공부에 열중하였다.

이듬해 1월부터는 뷔르츠부르크(Innere Graben 49번지)로 이사하여 그곳 대학에서 의학 공부를 하다가 1923년에는 하이델베르크 대학으로 옮겼다. 그러나 병으로 인하여 휴학을 하고, 그 후 1925년부터는 뮌헨대학에서 동물학과 철학을 전공하였다. 1926년에는 뮌헨대학교 외국인 학생 회장으로 활약하였고, 1927년 6월 25일부터 3개월간은 늑막염으로 스위스의 루가노 요양소에 입원한 일까지 있다. 건강을 다소 회복하고는 다시 학업에 전력을 기울여 1928년 7월 18일 뮌헨대학에서 동물학 박사 학위를 획득하게 되었다.

공부가 끝나고는 전공 분야에 종사하지 않고 곧 창작에 열중, 한국을 배경으로 하는 '이야기' 들을 발표하였다.

그의 유고의 대부분도 이 시기의 산물들이다.

1929년에 김재원이 뮌헨에 오게 되자 객지에서의 고독하던 마음을 어느 정도 달랠 수가 있었다고 한다. 당시 미륵은 주로 학술 논문 번역과 신문·잡지에 발표하는 원고료 및 서도(書道) 지도 등으로 생계를 유지하였다.

그러다가 1931년 그의 동료였던 지그문트 여사와 슈미트 여사의 소개로 자일러 교수(美術) 집을 알게 되어 이 집에 기거하면서부터 자신의 작가적 소질을 발휘할 수 있었다. 이 듬해인 1932년 자일러 가가 뮌헨 교외인 그래펠핑으로 이사함에 따라 미륵도 자연 따라가게 되었다.

1943년에는 그래펠핑에 문화인 단체를 조직하여 정기적으로 문학 발표회와 토론회를 가짐으로써 많은 작가·교수·연예인·화가 등 지식인들과의 교류가 생겼으니, 그의 활동 범위는 점차 확대되었다. 1946년에는 여러 해 동안 심혈을 기울여 써 온 〈압록강은 흐른다〉가 뮌헨의 피퍼출판사에서 출간되었다.

만년(1947년~1949년)에는 뮌헨대학교 동양학부에서 한학과 한국문학을 강의하였다. 1950년 정월 그의 병세(위암)가 악화되자 그는 볼프라츠하우젠 병원에 입원하여 대수술을 받았으나 효과 없이 몽매에도 잊지 못하던 조국을 다시 보지 못한 채 3월 20일 51세를 일기로 임종하였다.

그의 망향의 정이 얼마나 간절하였는가 하는 것은 임종시에 부른 "동해물과 백두산이 마르고 닳도록……"으로도 가히 추측할 수가 있다. 그의 장례식은 삼백여 명의 독일인 벗들이 조의를 표하는 가운데 3월 24일 그래펠핑 공동묘지에서 거행되었고 지금도 고인은 이곳에서 영면하고 있다.

미륵의 선구적인 공적은 독문(獨文) 작품들을 통해서 한국(동양) 사상 및 문화를 서구에 전도한 점이다. 그는 장기간의 유럽 생활 속에서도 결코 동양의 전통적인 것을 경시하지 않고 서구의 기계주의 문명에 한국 사상을 우아한 스타일로 투입시켜 왔다.

1927년에는 〈한국어 문법〉(미발표)을 탈고하여 한글의 우수성을 자부하였고 1930년대에는 독일 잡지 《아틀란티스》에 한국을 주제로 하는 작품들과 한국 사진들을 소개하였으며, 1940년대에는 여러 신문에 한국의 문화·정치에 관한 기사들을 실었다. 예를 들면 〈한국의 종교〉[9]를 발표하여 불교 및 유교가 한국에 포교된 역사적인 과정과 기독교의 유입까지를 소개하였고, 〈한국과 한국인〉[10] 이라는 글에서는 한국 문화의 배경, 당시의 정치적인 형세 및 극동에서의 일본의 침략 정치를 신랄하게 비판하면서 한국의 독립을 역설하였다.

또한 그의 단편('이야기' 약 30편)들과 〈압록강은 흐른다〉는 한국에 대한 지식이 빈약했던 독일인들에게 '코리아'를 올바로 인식시켰으니, 그는 과연 "우리의 민족과 우리의 문화를 어떤 외교관보다도, 어떤 선전보다도 더 마음속 깊이

---

9) 《Hamburger Tageblatt》 1933년 12월 21일, 22일 2회 연재.
10) 《Hamburger Tageblatt》 1934년 2월 9일 연재.

넣어 준 사람"[11]이었다.

특히 미륵의 글(〈압록강은 흐른다〉의 발췌문)이 독일에서는 오늘까지도 고등학교 국어 교과서에 실려 읽혀지고 있다.[12]

이것은 그 문체의 훌륭함에도 원인이 있겠지만 그보다도 동양 세계에 대한 지식을 학생들에게 보급하려는 것이 주목적이라고 하겠다.

만년에는 뮌헨대학에서 한학과 한국문학을 강의함으로써 많은 동양학자를 육성하였다(뮌헨대학의 바우어 교수, 하이델베르크대학의 데본 교수 등). 그들은 오늘날에도 '코리아' 하면 이미륵을 연상하며 미륵의 제자임을 항상 자부하고 있다.

이러한 동양 사상의 전도뿐만 아니라 그는 또한 서구 사상도 한국에 보급하려고 시도하였다. 즉 그는 동서의 정신적 문화 교류의 촉진을 필생의 과제로 여겨 한국에 독일 문화원을 창설해 보려고 하였으나 정치적인 사정 때문에 실천에 옮길 수가 없었다고 한다.

두 몬트 교수에게 보내는 편지에서,
"저는 독일에서 몇 학기 동안 의학 공부를 계속하다가 자연 과학과 철학으로 전과했습니다. 그 이유는 직업적인 것보다는 정신적인 지식이 더 절실했기 때문이었습니다······."[13]
라고 미륵은 말하고 있다.

---

11) 〈어떤 이방인〉《서울대학신문》 고병익, 1956년 6월 13일, 20일.
12) 예를 들면 〈Die Neue Silberfracht〉 5, 6, 8 학년 교재 속에 있음. Hirschgraben-Verlag, Frankfurt 1967.
13) Du Mont 교수(화학)에게 1946년 7월 1일 미륵이 보낸 편지 속에서.

글을 써야만 했던 것은 미륵에게 있어서 하나의 욕구적인 현상이었다.

최초로 활자화된 미륵의 글은 〈어느 한국 골목의 저녁〉(1931년)으로서 한국의 인정어린 미담부터 시작되는데 이 이외의 많은 습작들도 그의 문학적인 포부나 의욕이 시초부터 순문학적인 시도가 아니었음을 엿보게 한다. 그러나 이러한 한국의 윤리나 풍습 소개의 글을 통해서 그의 작가적인 소질이 점차적으로 문단의 인정을 받게 되었으며, 1935년부터는 〈수암과 미륵〉[14]이라는 제목으로 본격적인 소설 형식을 갖춘 작품들과 단편(이야기 및 수필)들을 여러 신문 및 잡지에 발표하기 시작했다.

간단히 미륵 문학의 특성을 고찰하면 첫째로 소재의 단일성이다.

그의 대표작 《압록강은 흐른다》는 물론 이번에 번역 소개하는 《무던이》와 그 밖의 '이야기'들도 하나같이 한국(동양)의 전통과 민족성을 소재로 하고 있다. 특히 동양 문화의 핵심이 되는 윤리나 도덕을 기반으로 자연의 질서를 지양하면서 자연인을 추구한 점은 극히 중요한 점이다. 미륵은 서구의 과학 문명과 행동적인 면에 비해서 한국의 전통과 문화 및 정관적인 태도가 독일 땅에 더 어필할 수 있는 사실에 역점을 둔 것이다. 이러한 소재들은 그가 만약 한국에서 작가 생활을 했다면 달라졌을 것이라고 추측된다.

---

14) 〈Suam und Mirok〉—Kindheitsbilder aus Korea, in 《Atlantis》 1935년 6, 7호.

여기서는 《압록강은 흐른다》와 《무던이》를 주로 고찰의 대상으로 하겠는데, 전자의 경우에는 한국의 전통적·역사적인 배경에다 신문명의 유입 내지는 서구와의 접촉까지를 문제시하고 있다. 하우젠슈타인 같은 작가는,
"이 《압록강은 흐른다》에 나타난 동서양의 대면은 작자 이미륵 개인에게만 국한하는 문제가 아니다. 그 본질적이고 내면적인 대상은 전형적인 동양 철학에 입각한 작자의 특출한 성격에서 나타나며 동서양의 대면을 자기 자신 속에서 완성해 보려고 하였다."
고 평하였다.[15]

이미륵은 《압록강은 흐른다》에서 괴테의 〈시와 진실〉(Dichtung und Wahrheit)처럼 소년 시절, 교우 관계, 자신의 정신적이며 실제적인 관심사들을 기록하면서 자기 자신과 역사적 사건들이 교체되는 가운데 하나의 인간이 완성되는 과정을 묘사하였다.

단편 〈무던이〉에서 역시 작자의 자전적 요소가 내포되어 있다. 작품 속의 우물은 미륵 자신임이 분명하다. 1935년 발표된 〈수암과 미륵〉에 보면 미륵과 무던이와의 어린 시절 이야기가 묘사되어 있다.

〈무던이〉에서도 서구 문명과의 갈등이 소극적으로나마 제시되지만 여기서는 신문명에 접해 보지 못하고 성장하는 한 여인의 일생이 그려져 있으며 주로 한국 고유의 풍습이 이 작품을 통해서 작용하고 있다.

---

15) 《Süddeutsche Zeitung》 1946년 6월 12일.

이 외의 다른 작품들도 모두가 한국 문화와 풍토를 배경으로 한 소재로 일관하고 있는 점이 특색이다.
둘째는 문체의 간결성이다.
미륵의 문체는 설명체도 묘사체도 아니다. 그는 일체의 설명과 묘사를 제거하고 사건 자체의 골격만을 간결하게 서술하는 데에 역점을 두었다.
미륵은 피퍼 사장에게 보내는 편지에서 〈압록강은 흐른다〉에 대하여 다음과 같이 말하고 있다.

나의 소설은 당신도 읽으면 알게 되겠지만 나의 소년 시절에 체험한 일들을 소박하게 그려 내 보인 것에 지나지 않습니다. 나는 이러한 체험담을 서술하는 데 장애가 되는 모든 설명과 묘사는 피했습니다. 동시에 동양인의 내면 세계에 적합하지 아니한 세계적인 사건들은 비교적 조심성 있게 다루었습니다. 있는 그대로를 순수하게 그려 냄으로써 한 동양인의 정신 세계를 제시하려고 시도했습니다. 이것은 나에게는 아주 친근한 것으로 바로 나 자신의 것입니다……. (1944년 3월 26일)

이상의 편지 내용에서 우리는 그의 문체가 간결해지지 않을 수 없었던 이유를 엿볼 수 있다. 그러나 이러한 문체의 간결성은 비단 〈압록강은 흐른다〉에만 국한된 것은 아니다. 그것은 그의 모든 작품들에 일관되고 있는 하나의 특징이다.

드디어 어머니 곁에서의 마지막 밤이 돌아왔다! 수압댁은 아직도 부엌에서 할 일이 많았다. 신부는 혼자 방 안에 앉아 있었다. 내일이 잔칫날이다! 무던이는 혼인식이 어떻게 진행되는가 하는 것을 가끔 듣기도 하고 또 보기도 했었다. 별로 어려울 것이 없었다. 즉 신랑이 먼저 신부에게 절을 하고 또 신부가 신랑에게 절을 하고 그리고 나선 신랑 신부가 함께 하늘에 절을 하였다. 다음에는 신랑 신부가 같은 잔의 술을 마시는데, 이것은 그저 술잔에 슬쩍 스치는 것이지 정말로 마시는 것이 아니었다.

계속 모퉁이를 돌아갔다. 아직도 네 집! 모든 것이 죽은 듯이 고요했다.
몇 발자국 더 가서 그들은 멈춰섰다.

드디어 귀로(歸路)!
또다시 같은 길, 같은 정적, 같은 침묵이었다.
팔에 팔을 끼었다 —— 여기선 아무도 그들을 보는 사람이 없었다. 그들은 부끄러워할 필요가 없었다.

이상은 〈무던이〉에서 몇 구절을 뽑아 본 것이다.
모든 설명을 꺼리고 그 얼마나 간략한 문체로 사물이나 사건 자체만을 서술하려고 하였는가 하는 것은 문장의 구조로써도 가히 짐작하고도 남음이 있다. 흔히 문장 하면 주어, 동사 내지는 술어까지를 연상하게 마련이다. 그러나 위 예문에는 문장 아닌 구(句)로써만 연결된 것을 많이 볼 수 있다. 그러면서도 구질구질한 설명을 가해 서술한 것 이상의 효과를 내고 있지 않은가!
미륵의 문장에도 설명조의 묘사가 없는 것은 물론 아니다.

그러나 그것은 어디까지나 사건의 경과를 신속히 처리하기 위한 하나의 수단에, 또 독일인 독자에게 우리 고유의 풍습을 소개하기 위한 수단에 불과한 것이다. '내외'나 '동상례(東床禮)'의 설명 등이 그 예라 하겠다.

참고로 〈압록강은 흐른다〉에 대한 독일인들의 문체평(文體評) 몇 가지만을 소개한다.

문체의 간결성이며 평온한 분위기며 작가적인 재능을 자극시키는 묘사의 간결성이며 인간미를 풍기게 하는 사상 등은 나에게 마치 비단 두루마리를 차근차근 풀어 나가는 것 같은 기분을 줍니다.── (작가 슈테판 아드레스가 1947년 8월 25일 미륵에게 보낸 편지에서)

이 소년 시대의 회고록은 무엇보다도 소박하고 꾸밈없고 명료한 필치로 서술되었다는 점이 특기할 일이다.── (《Welt und Wort》지 1946년 7월호)

한국인이 아주 명료하고 간결한 독일어로 쓴 《압록강은 흐른다》라는 책……. (《Baseler Nachrichten》 1950년 8월 11일)

영문 번역판에 대해서도,
"문체가 간결하고 내용이 아름답고 매혹적이어서 모든 독자의 공상 세계를 사로잡는 작품이다." (《Dundee Courier》 1954년 7월 9일)
라는 평이 있다.

미륵에 대한 문헌 조사가 지금껏 전무하였기 때문에 그의 자료들을 조사 정리하는 데 난점이 많았다. 그는 시종일관 독일에서 작품 활동을 하였으므로 독일 내에 있는 그의 옛 친지나 각 도서관 및 각 신문·잡지사의 협조로 자료를 수집하는 방법밖에 없었다.

유고의 대부분은 오토 자일러 씨(자일러 교수의 장남)가 보관하고 있다가 근간에 필자에게 양도하였다.

찾아낸 자료 중 출전과 연대 및 지(誌, 紙)명이 명시되지 않은 부분은 활자의 문맥을 비교하여 추리, 확인하는 중이다. 그러므로 아직 완전한 연보를 발표할 수 없다. 여기서는 우선 수집된 자료와 문헌 중에서 그 약보를 소개한다.

1931년 : Nachts in einer Koreanischen Gasse(《어느 한국 골목의 저녁》·이야기)

1933년 : Das rote Tor(《열녀문》·이야기)

1934년 : Korea und die Koreaner(《한국과 한국인》·시평〔時評〕)

1935년 : Suam und Mirok, Kindheitsbilder aus Korea(《수암과 미륵》·자전 소설)

1939년 : Nolbu und Hungbu(《놀부와 흥부》·이야기)

1941년 : Herr und Knecht(《주인과 하인》·이야기)

1942년 : Jugenderinnerungen eines Koreaners(《어느 한국인—이미륵—의 소년 시절》·자전 소설)

1946년 : Der Yalu fließt(《압록강은 흐른다》·자전 소설)

1947년 : Kurt Huber und das Ausland(《쿠르트 후버와 외

국〉·추도문).
1952년 : Mudhoni, ein Koreanishes Bauernmädchen(〈무던
이〉·단편)
1953년 : Von Geistern, Tieren und Stiefmüttern(〈유령, 동물,
계모 이야기〉·이야기)
1953년 : Padukspiel und andere Legenden aus Korea(〈바둑
놀이및 다른 한국의 전설〉·이야기)
1953년 : Der Mirok-Buddha(〈미륵불〉·이야기)

　미륵은 국가와 민족 및 신앙을 초월하여 인간다운 인간이 되려고 진지하게 시도한 인물이었다. 그는 역사적인 현실에 대하여 넓고 깊은 한 인식과 판단력을 가진 박학자(博學者) 요, 인간의 존엄성을 주장한 인도적인 선각자였다. 이러한 생활 속에서 그는 품성 좋은 인격과 부단의 노력으로써 동양인의 긍지와 정서를 서구에 인식시켰고 한국민을 위해서는 문화 사절 역을 하였다. 이 역할의 수단이 바로 작가 생활이었다.
　미륵의 친구였던 부렘 교수에 의하면 그는 민족적 특성의 종합이 세계적(Kosmopolitisch) 보편성이 되어야 함을 항상 주장하였다고 한다. 그의 서재에 걸려 있던 '四海之內皆同胞' (공자)도 자기 주장의 기본이 되는 것이며 이것을 통하여 세계의 조국(Weltvaterland)을 제창한 작가였다.
　그가 비록 독일어로 작가 활동을 했지만 그는 엄연한 한국 작가다.
　독일에서 발간된 《세계문학 사전》[16)]에는 이미륵이 한국 작

가로 기록되어 있으며 《현대작가 사전》[17]에도 그의 이름이 올라 있는데, 하물며 한국문학사에서 그 이름 석 자 마저도 찾아볼 수 없다는 것은 참으로 아쉬운 일이다.

옮긴이

---

16) 《Lexikon der Weltliteratur》 von Gero v. Wilpert, Alfred Kröner Verlag, Stuttgart 1963.

17) 《Autorenlexikon der Gegenwart, Schöne Literatur》 herausgegeben von K.A. Kutzbach, Bouvier Verlag, Bonn 1950.

□ 지은이 소개

1989년 황해도 해주시에서 출생.
1910년 해주 보통학교 졸업.
1917~1919 경성 의학 전문 학교.
1920년 독일 땅에 도착. 1928년 뮌헨 대학에서 동물학 박사 학위를 받고 줄곧 작가 생활을 함.
1950년 타계함.
자전소설《압록강은 흐른다》와《그래도 압록강은 흐른다》외에 많은 '이야기'와 '수필'을 남겼다.

□ 옮긴이 소개

함남 영흥 출생.
한국외국어대학교 독어과 졸업.
독일 뮌헨 대학에서 문학 박사 학위 받음.
현재 성신여자대학교 교수.
저서:《독·한 자연주의 문학의 비교 연구》
역서:《압록강은 흐른다》(汎友社)《그래도 압록강은 흐른다》(汎友社),《그늘진 사람들》(汎友社) 등이 있음.

이야기　　　　　　　값 6,000원

1974년 10월 5일 초판 1쇄 발행
1985년 4월 15일 2판 1쇄 발행
1990년 2월 20일 2판 4쇄 발행
2000년 11월 5일 3판 1쇄 발행

　　　지은이　이　미　륵
　　　옮긴이　정　규　화
　　　펴낸이　윤　형　두
　　　펴낸데　범　우　사

등　록　1966. 8. 3. 제 10-39호
121-130 서울시 마포구 구수동 21-1호
전　화　717-2121·2122/FAX 717-0429

＊ 파본은 교환해 드립니다.　　교정·편집/김길빈·김지선
ISBN 89-08-03211-8 04810　　인터넷 http://www.bumwoosa.co.kr
　　89-08-03202-9 (세트)　　　천리안·하이텔 ID : BUMWOOSA

범우비평판 세계문학선

범우 비평판 세계문학선이
체계화·고급화를 지향하며
새롭게 다시 태어나고
있습니다.
작가별로 고유번호를
부여하고 완벽하게 보완에
권위와 전문성을 높이고,
미려한 장정으로
정상의 자존심을
지켜나갈 것입니다.

❶ 토마스 불핀치 1-1 그리스·로마신화 최혁순 값 8,000원
             1-2 원탁의 기사 한영환 값 10,000원
             1-3 샤를마뉴 황제의 전설 이성규 값 8,000원
❷ F. 도스토예프스키 2-1,2 죄와 벌 (상)(하) 이철(외대 노어과 교수) 각권 7,000원
             2-3,4,5 카라마조프의 형제 (상)(중)(하)
                     김학수(전 고려대 교수) 값 7,000~9,000원
             2-6,7,8 백치 (상)(중)(하) 박형규(고려대 교수) 각권 7,000원
             2-9,10 악령 (상)(하) 이철(외대 노어과 교수) 각권 9,000원
❸ W. 셰익스피어 3-1 셰익스피어 4대 비극 이태주(단국대 교수) 값 9,000원
            3-2 셰익스피어 4대 희극 이태주(단국대 교수) 값 9,000원
❹ T. 하디 4-1 테스 김회진(서울시립대 영문과 교수) 값 8,000원
❺ 호메로스 5-1 일리아스 유영(연세대 명예교수) 값 9,000원
         5-2 오디세이아 유영(연세대 명예교수) 값 8,000원
❻ 밀턴 6-1 실낙원 이창배(동국대 교수·영문학 박사) 값 9,000원
❼ L. 톨스토이 7-1,2 부활(상)(하) 이철(외대 노어과 교수) 각권 7,000원
          7-3,4 안나 카레니나 (상)(하) 이철(외대 노어과 교수) 각권 10,000원
          7-5,6,7,8 전쟁과 평화 1.2.3.4
                 박형규(전 고려대 노어과 교수) 각권 9,000원
❽ T. 만 8-1 마의 산(상) 홍경호(한양대 독문과 교수) 값 9,000원
        8-2 마의 산(하) 홍경호(한양대 독문과 교수) 값 10,000원
❾ 제임스 조이스 9-1 더블린 사람들·비평문 김종건(고려대 교수) 값 10,000원
             9-2,3,4,5 율리시즈 1.2.3.4 김종건(고려대 교수) 각권 10,000원
             9-6 젊은 예술가의 초상 김종건(고려대 교수) 값 10,000원
❿ 생 텍쥐페리 10-1 전시조종사·어린왕자(외) 염기용·조규철·이정림 값 8,000원
          10-2 젊은이의 편지(외) 조규철·이정림 값 7,000원
          10-3 인생의 의미(외) 조규철 값 7,000원
          10-4,5 성채(상)(하) 염기용 값 8,000원
          10-6 야간비행(외) 전채린·신경자 값 8,000원
⓫ 단테 11-1,2 신곡(상)(하) 최현 값 9,000원
⓬ J. W. 괴테 12-1,2 파우스트(상)(하) 박환덕(서울대 독문과 교수) 각권 7,000원
⓭ J. 오스틴 13-1 오만과 편견 오화섭(전 연세대 영문과 교수) 값 9,000원
⓮ V. 위고 14-1,2,3,4,5 레미제라블 ①②③④⑤
             방곤(경희대 불문과 교수) 각권 8,000원
⓯ 임어당 15-1 생활의 발견 김병철(중앙대 명예교수·문학박사) 값 12,000원
⓰ 루이제 린저 16-1 생의 한가운데 강두식(서울대 교수) 값 7,000원
⓱ 게르만 서사시 17 니벨룽겐의 노래 허창운(서울대 교수) 값 13,000원
⓲ E. 헤밍웨이 18-1 누구를 위하여 좋은 울리나 김병철(중앙대 명예교수) 값 10,000원
⓳ F. 카프카 19-1 城 박환덕(서울대 독문과 교수) 값 9,000원
         19-2 변신·유형지에서(외) 박환덕(서울대 독문과 교수) 값 9,000원
         19-3 심판 박환덕(서울대 독문과 교수) 값 8,000원
         19-4 실종자 박환덕(서울대 독문과 교수) 값 8,000원
⓴ 에밀리 브론테 20-1 폭풍의 언덕 안동민 값 8,000원

**범우비평판
세계문학선**

범우 비평판 세계문학선이
체계화·고급화를 지향하며
새롭게 다시 태어나고
있습니다.
작가별로 고유번호를
부여하고 완벽하게 보완해
권위와 전문성을 높이고,
미려한 장정으로
정상의 자존심을
지켜나갈 것입니다.

㉑ 마가렛 미첼 21-1,2,3 **바람과 함께 사라지다(상)(중)(하)**
　　　　송관식·이병규　각권 9,000원
㉒ 스탕달 22-1 **적과 흑** 김붕구　값 10,000원
㉓ B. 파스테르나크 23-1 **닥터 지바고** 오재국(전 육사교수)　값 10,000원
㉔ 마크 트웨인 24-1 **톰 소여의 모험** 김병철(중앙대 명예교수·문학박사)　값 7,000원
　　　　　　　　24-2 **허클베리 핀의 모험** 김병철(중앙대 명예교수)　값 9,000원
㉕ 조지 오웰 25-1 **동물농장·1984년** 김회진(서울시립대 영문과 교수)　값 10,000원
㉖ 존 스타인벡 26-1,2 **분노의 포도(상)(하)** 전형기(한양대 영문학과 교수)　각권 7,000원
　　　　　　　 26-3,4 **에덴의 동쪽(상)(하)**
　　　　　　　　　　이성호(한양대 영문학과 교수)　각권 9,000~10,000원
㉗ 우나무노 27-1 **안개** 김현창(서울대 서어 서문학과 교수)　값 6,000원
㉘ C. 브론테 28-1·2 **제인에어** 배영원　각권 8,000원
㉙ 헤르만 헤세 29-1 **知와 사랑·싯다르타** 배영원　값 9,000원
　　　　　　　 29-2 **데미안·크눌프·로스할데**
　　　　　　　　　　홍경호(한양대 교수·문학박사)　값 9,000원
　　　　　　　 29-3 **페터 카멘친트·게르트루트** 박환덕(서울대 교수)　값 9,000원
　　　　　　　 29-4 **유리알 유희** 박환덕(서울대 교수)　값 12,000원
㉚ 알베르 카뮈 30-1 **페스트·이방인** 방 곤(전 경희대 불문과 교수)　값 9,000원
㉛ 올더스 헉슬리 31-1 **멋진 신세계(외)** 이성규·허정애　값 10,000원
㉜ 기 드 모파상 32-1 **여자의 일생·단편선** 이정림(번역문학가)　값 9,000원
㉝ 투르게네프 33-1 **아버지와 아들** 이철(외대 노어과 교수)　값 9,000원
　　　　　　　 33-2 **처녀지·루딘** 김학수(전 고려대 노어노문학 교수)　값 10,000원
㉞ 이미륵 34-1 **압록강은 흐른다(외)** 정규화(독문학 박사·성신여대 교수)　값 10,000원
㉟ 디어도어 드라이저 35-1 **시스터 캐리** 전형기(한양대 영문학과 교수)　값 12,000원
　　　　　　　　　 35-2,3 **미국의 비극(상)(하)**
　　　　　　　　　　　　김병철(중앙대 명예교수·영문학)　각권 9,000원
㊱ 세르반떼스 36-1 **돈 끼호떼** 김현창(서울대 서어 서문학과 교수)　값 12,000원
㊲ 나쓰메 소세키 37-1 **마음·그 후** 서석연(경성대 명예교수)　값 12,000원
㊳ 플루타르코스 38-1 **플루타르크 영웅전 1**
　　　　　　　　　　김병철(중앙대 명예교수·영문학)　값 8,000원

2000년대를 향하여 꾸준하게 양서를!

현대사회를 보다 새로운 시각으로 종합진단하여
그 처방을 제시해주는

범우사상신서

1 자유에서의 도피 E. 프롬/이상두
2 젊은이여 오늘을 이야기하자 렉스프레스誌/방곤·최혁순
3 소유냐 존재냐 E. 프롬/최혁순
4 불확실성의 시대 J. 갈브레이드/박현채·전철환
5 마르쿠제의 행복론 L. 마르쿠제/황문수
6 너희도 神처럼 되리라 E. 프롬/최혁순
7 의혹과 행동 E. 프롬/최혁순
8 토인비와의 대화 A. 토인비/최혁순
9 역사란 무엇인가 E. 카/김승일
10 시지프의 신화 A. 카뮈/이정림
11 프로이트 심리학 입문 C.S. 홀/안귀여루
12 근대국가에 있어서의 자유 H. 라스키/이상두
13 비극론·인간론(외) K. 야스퍼스/황문수
14 엔트로피의 법칙 J. 리프킨/최현
15 러셀의 철학노트 R. 페인버그·카스릴스(편)/최혁순
16 나는 믿는다 B. 러셀(외)/최혁순·박상규
17 자유민주주의에 희망은 있는가 C. 맥퍼슨/이상두
18 지식인의 양심 A. 토인비(외)/임헌영
19 아웃사이더 C. 윌슨/이성규
20 미학과 문화 H. 마르쿠제/최현·이근영
21 한일합병사 야마베 겐타로/안병무
22 이데올로기의 종언 D. 벨/이상두
23 자기로부터의 혁명 ① J. 크리슈나무르티/권동수
24 자기로부터의 혁명 ② J. 크리슈나무르티/권동수
25 자기로부터의 혁명 ③ J. 크리슈나무르티/권동수
26 잠에서 깨어나라 B. 라즈니시/길연
27 역사학 입문 E. 베른하임/박광순
28 법화경 입문 박혜경

29 융 심리학 입문 C.S. 홀(외)/최현
30 우연과 필연 J. 모노/김진욱
31 역사의 교훈 W. 듀란트(외)/천희상
32 방관자의 시대 P. 드러커/이상두·최혁순
33 건전한 사회 E. 프롬/김병익
34 미래의 충격 A. 토플러/장을병
35 작은 것이 아름답다 E. 슈마허/김진욱
36 관심의 불꽃 J. 크리슈나무르티/강옥구
37 종교는 필요한가 B. 러셀/이재황
38 불복종에 관하여 E. 프롬/문국주
39 인물로 본 한국민족주의 장을병
40 수탈된 대지 E. 갈레아노/박광순
41 대장정—작은 거인 등소평 H. 솔즈베리/정성호
42 초월의 길 완성의 길 마하리시/이병기
43 정신분석학 입문 S. 프로이트/서석연
44 철학적 인간 종교적 인간 황필호
45 권리를 위한 투쟁(외) R. 예링/심윤종·이주향
46 창조와 용기 R. 메이/안병무
47 꿈의 해석 S. 프로이트/서석연
48 제3의 물결 A. 토플러/김진욱
49 역사의 연구 ① D. 서머벨 엮음/박광순
50 역사의 연구 ② D. 서머벨 엮음/박광순
51 건건록 무쓰 무네미쓰/김승일
52 가난이야기 가와카미 하지메/서석연
53 새로운 세계사 마르크 페로/박광순
54 근대 한국과 일본 나카스카 아키라/김승일
55 일본 자본주의 정신 야마모토 시치헤이/김승일·이근원
▶ 계속 펴냅니다

범우사 서울시 마포구 구수동 21-1
전화 717-2121 FAX 717-0429

시대를 초월해
인간성 구현의 모범으로
삼을 만한 책을 엄선

1	유토피아 T. 모어/황문수	24	論語 황병국 옮김
2	오이디푸스王(외) 소포클레스/황문수	25	그리스·로마 희곡선 아리스토파네스(외)/최현
3	명상록·행복론 M.아우렐리우스·L.세네카/황문수·최현	26	갈리아 戰記 G. J. 카이사르/박광순
4	깡디드 볼떼르/염기용	27	善의 연구 니시다 기타로/서석연
5	군주론·전술론(외) N. B. 마키아벨리/이상두(외)	28	육도·삼략 하재철 옮김
6	사회계약론(외) J. J. 루소/이태일(외)	29	국부론(상) A. 스미스/최호진·정해동
7	죽음에 이르는 병 S. A. 키에르케고르/박환덕	30	국부론(하) A. 스미스/최호진·정해동
8	천로역정 J. 버니언/이현주	31	펠로폰네소스 전쟁사 (상) 투키디데스/박광순
9	소크라테스 회상 크세노폰/최혁순	32	펠로폰네소스 전쟁사 (하) 투키디데스/박광순
10	길가메시 서사시 N. K. 샌다즈/이현주	33	孟子 차주환 옮김
11	독일 국민에게 고함 J. G. 피히테/황문수	34	아방강역고 정약용/이민수
12	히페리온 F. 횔덜린/홍경호	35	서구의 몰락 ① 슈펭글러/박광순
13	수타니파타 김운학 옮김	36	서구의 몰락 ② 슈펭글러/박광순
14	쇼펜하우어 인생론 A. 쇼펜하우어/최현	37	서구의 몰락 ③ 슈펭글러/박광순
15	톨스토이 참회록 L. N. 톨스토이/박형규	38	명심보감 장기근 옮김
16	존 스튜어트 밀 자서전 J. S. 밀/배영원	39	월든 H. D. 소로/양병석
17	비극의 탄생 F. W. 니체/곽복록	40	한서열전 반고/홍대표
18-1	에 밀 (상) J. J. 루소/정봉구	41	참다운 사랑의 기술과 허튼 사랑의 질책 안드레아스/김영락
18-2	에 밀 (하) J. J. 루소/정봉구	42	종합탈무드 마빈 토케이어(외)/전풍자
19	팡 세 B. 파스칼/최현·이정림	43	백운화상어록 석찬선사/박문열
20-1	헤로도토스 歷史 (상) 헤로도토스/박광순	44	조선복식고 이여성
20-2	헤로도토스 歷史 (하) 헤로도토스/박광순	45	불조직지심체요절 백운선사/박문열
21	성 아우구스티누스 고백록 A. 아우구스티누스/김평옥	46	마가렛미드 자서전 마가렛 미드
22	예술이란 무엇인가 L. N. 톨스토이/이철	47	조선사회경제사 백남운
23-1	나의 투쟁 A. 히틀러/서석연	48	고전을 보고 세상을 읽는다 모리야 히로시/김승일
23-2	나의 투쟁 A. 히틀러/서석연		▶ 계속 펴냅니다

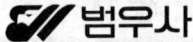 범우사 서울시 마포구 구수동 21-1
전화 717-2121 FAX 717-0429

James Joyce, 1882~1941
아일랜드 태생의 영국 소설가.
'모더니즘'의 기수, 심미적 질서의 창조자,
'가장 난해한 작가'로
알려진 제임스 조이스는,
의식의 흐름이라는 혁신적인
수법으로 인간의 내적 상태를 표현한,
20세기 최고의 작가 중 하나이다.

20세기 최고의 모더니스트
제임스 조이스의 정수(精髓)를 맛본다!

제임스 조이스 전집

김종건(고려대 교수) 옮김

한국 제임스 조이스 학회장 김종건 교수(고려대 영문과 교수)가 28년간에 걸쳐 우리 말로 옮긴 제임스 조이스 전집의 결정판. 고뇌와 정열이 낳은 이 일곱 권의 책을 통해 우리는 비로소 진정한 모습의 조이스를 만날 수 있다.

비평판세계문학선

전 7권

- ❶ 더블린 사람들 · 비평문
- ❷ 율리시즈 ①
- ❸ 율리시즈 ②
- ❹ 율리시즈 ③
- ❺ 율리시즈 ④
- ❻ 젊은 예술가의 초상
- ❼ 피네간의 경야 · 시 · 에피파니

크라운변형판 / 각 440쪽 내외 / 각권 값 10,000원

범우사 서울시 마포구 구수동 21-1
전화 717-2121 / FAX 717-0429

범우학술·평론·예술

독서의 기술 모티머 J./민병덕 옮김	아동문학교육론 B. 화이트헤드
한자 디자인 한편집센터 엮음	한국의 청동기문화 국립중앙박물관
한국 정치론 장을병	겸재정신 진경산수화 최완수
여론 선전론 이상철	한국 서지의 전개과정 안춘근
전환기의 한국정치 장을병	독일 현대작가와 문학이론 박환덕(외)
사뮤엘슨 경제학 해설 김유송	정도 600년 서울지도 허영환
현대 화학의 세계 일본화학회 엮음	신선사상과 도교 도광순(한국도교학회)
신저작 권법 축조기설 허희성	언론학 원론 한국언론학회 편
방송저널리즘 신현응	한국방송사 이범경
독서와 출판문화론 이정춘·이종국 편저	카프카문학연구 박환덕
잡지출판론 안춘근	한국민족운동사 김창수
인쇄커뮤니케이션 입문 오경호 편저	비교텔레콤論 질힐/금동호 옮김
출판물 유통론 윤형두	북한산 역사지리 김윤우
통합적 마케팅 커뮤니케이션 김광수(외) 옮김	한국회화소사 이동주
'83~'97 출판학 연구 한국출판학회	출판학원론 범우사 편집부
자아커뮤니케이션 최창섭	한국과거제도사 연구 조좌호
현대신문방송보도론 팽원순	독문학과 현대성 정규화교수간행위원회편
국제출판개발론 미노와/안춘근 옮김	겸재진경산수 최완수
민족문학의 모색 윤병로	한국미술사대요 김용준
변혁운동과 문학 임헌영	한국목활자본 천혜봉
조선사회경제사 백남운	한국금속활자본 천혜봉
한국정치의 이해 장을병	한국기독교 청년운동사 전택부
조선경제사 탐구 전석담(외)	한시로 엮은 한국사 기행 심경호
한국전적인쇄사 천혜봉	출판물 판매기술 윤형두
한국서지학원론 안춘근	우루과이라운드와 한국의 미래 허신행
현대매스커뮤니케이션의 제문제 이강수	기사 취재에서 작성까지 김숙현
한국상고사연구 김정학	세계의 문자 세계문자연구회/김승일 옮김
중국현대문학발전사 황수기	불조직지심체요절 백운선사/박문열 옮김
광복전후사의 재인식 I, II 이현희	임시정부와 이시영 이은우
한국의 고지도 이 찬	매스미디어와 여성 김선남
하나되는 한국사 고준환	눈으로 보는 책의 역사 안춘근·윤형두 편저
조선후기의 활자와 책 윤병태	현대노어학 개론 조남신
신한국사의 탐구 김용덕	교양 언론학 강좌 최창섭(외)
독립운동사의 제문제 윤병석(외)	통합 데이타베이스 마케팅 시스템 김정수
한국현실 한국사회학 한완상	문화간 커뮤니케이션의 이해 최윤희·김숙현

 범우사 서울시 마포구 구수동 21-1
전화 717-2121 FAX 717-0429

서울대 권장 '동서고전 200선' 선정도서

무삭제 완역본으로 범우사가 낸 성인용!

아라비안 나이트

리처드 F. 버턴/김병철(중앙대 명예교수·문학박사) 옮김

전 10권

1000일 밤 하고 하루 동안 펼쳐지는
2800여편의 길고 짧은 이야기

영국의 한 평론가가 말했듯이, 오늘의 세계문학은 거의 《아라비안 나이트》에
등장하는 이야기들을 소재로 쐬어졌다고 해도 과언이 아닙니다.
아라비아, 페르시아, 인도, 이란, 이집트 등지의 문화를
솔직담백하게 엮어낸 전승문학(傳承文學)의 총화(叢話)!
목숨을 연장시키기 위해 밤마다 침실에서 펼쳐놓았던 이야기,
천일야화(千一夜話)!
250여 편에 달하는 설화의 보고(寶庫)에서 쏟아져나오는 고품격 에로티시즘.
천일야화는 지금도 계속되고 있습니다!

신국판/500면 안팎/각권 값 8,000원

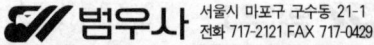 범우사 서울시 마포구 구수동 21-1
전화 717-2121 FAX 717-0429

범우희곡선

연극으로 느낄 수 없는 시나리오의
진한 카타르시스, 오랜 감동…!

1. **세일즈맨의 죽음** 아서 밀러/오화섭 옮김
   고도로 발달된 산업사회에서 생겨난 물질만능주의,
   내적 갈등을 예리하게 파헤친 밀러의 대표작.

2. **코카시아의 백묵원** 베르톨트 브레히트/이정길 옮김
   동독의 극작가로서 현대극의 완성자라 불리는
   브레히트의 시적·서사적 대작.

3. **몰리에르 희곡선** 몰리에르/민희식 옮김
   희극작가로 유명한 몰리에르의 작품 〈서민귀족〉
   〈스카펭의 간계〉〈상상병 환자〉를 모았다.

4. **간계와 사랑** 프리드리히 실러/이원양 옮김
   괴테와 함께 고전주의의 쌍벽을 이루는
   독일의 시인이며 극작가인 실러의 희곡.

5. **욕망이라는 이름의 전차** 테네시 윌리엄스/신정옥 옮김
   미국 희곡의 금자탑, 극문학의 정점.
   옛 추억과 이상 속에서 사는 삶과 비열한 삶의 대립.

6. **에쿠우스** 피터 셰퍼/신정옥 옮김
   현실의 굴레와 원초적 욕망 사이에서 분열된
   삶의 절규와 인간의 자유를 심도있게 표출.

7. **뜨거운 양철지붕 위의 고양이** 테네시 윌리엄스/오화섭 옮김
   현대문명이 지닌 인간의 온갖 죄악과 부패와
   비정상적 관계인 한 가족을 다룬 작품.

8. **유리동물원** 테네시 윌리엄스/신정옥 옮김
   겨울안개처럼 슬픔의 빛깔과 가락만을 간직한
   사람들이 엮어내는 환상의 추억극.

9. **빌헬름 텔** 프리드리히 실러/한기상 옮김
   완전무결한 존재의 자유와 현실세계의 조화를 위해
   투쟁하는 인간의 모습을 그린 작품.

10. **아마데우스** 피터 셰퍼/신정옥 옮김
    인간의 원초적 감정의 실체를 날카롭게 파헤친
    무대언어의 마술사 피터 셰퍼의 역작.

11. **탤리 가의 빈집(외)** 랜퍼드 윌슨/이영아 옮김
    가장 미국적인 주제를 예리하게 묘파하는
    미국 현대 극작가 랜퍼드 윌슨의 〈탤리 가의 빈집〉과
    〈토분 쌓는 사람들〉이 실려 있다.

12. **인형의 집** 헨릭 입센/김진욱 옮김
    개인과 가정과 사회의 관계 속에서
    일어나는 갈등과 모순을 사실주의적으로
    드러낸 입센의 회심작.

13. **황금연못** 어네스트 톰프슨/최현 옮김
    노부부의 사랑과 신뢰, 죽음을 앞두고 겪는
    인간적 갈등과 초월을 다룬 작품.

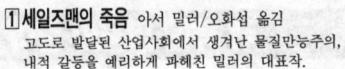 **범우사**
서울시 마포구 구수동 21-1
전화 717-2121 FAX 717-0429

책 속에 영웅의 길이 있다…!!

프랑스의 루소가 되풀이하여 읽고, 나폴레옹과 베토벤, 괴테가 평생 곁에 두고 애독한 그리스·로마의 영웅열전(英雄列傳)! 영웅들의 성격과 인물 됨됨이를 사실적으로 묘사한 영웅 보감!

플루타르크 영웅전

범우비평판세계문학 38-1

플루타르코스 / 김병철 옮김
* 새로운 편집 장정 / 전8권
크라운 변형판 / 각권 8,000원

국내 최초 완역, 99년 개정판 출간!

❝지금 전세계의 도서관에 불이 났다면 나는 우선 그 불속에 뛰어들어가 '셰익스피어 전집'과 '플루타르크 영웅전'을 건지는데 내 몸을 바치겠다.❞
― 美 사상가·시인 에머슨의 말 ―

〈플루타르크 영웅전〉은 세계의 선각자들에게 극찬과 사랑을 받아온 명저입니다.

 범우사   서울시 마포구 구수동 21-1 전화 717-2121 FAX 717-0429
인터넷 주소 http://www.bumwoosa.co.kr